TATSACHEN

Nr. 45

*»Man sieht nur,
was man weiß!«*

Karin Opitz

Reizvolles in Sachsen

2., überarbeitete Auflage

Mit Illustrationen von Cornelia Därr,
Heike Klein, Sonja Riedelsberger
und Christiane Straßburger

TAUCHAER VERLAG

Opitz, Karin
Reizvolles in Sachsen
2., überarbeitete Aufl. – [Leipzig]: Tauchaer Verlag 2022
ISBN 978-3-89772-317-7

Satz / Herstellung: Sabine Ufer Verlagsherstellung
Printed in EU

ISBN 978-3-89772-317-7

Inhalt

Wo August der Starke bittere Stunden verbrachte

Altranstädt, das längst in das nahe gelegene Markranstädt eingemeindet ist, liegt auf halbem Weg zwischen Leipzig und Merseburg und wurde 1091 erstmals urkundlich erwähnt. Doch das kleine, eher unscheinbare Dorf, das um 1200 als Klostergut an das Kloster Altzella gekommen war, ging nicht nur in die deutsche Literaturgeschichte ein. Es machte sogar europäische Geschichte. Und besonders deswegen lohnt sich ein ausgiebiger Besuch.

Der Platz in der Literaturgeschichte ist schnell erklärt. In Altranstädt wurde der kursächsische Hofnarr Klaus Narr geboren, der vier sächsischen Kurfürsten und dem Erzbischof Ernst von Magdeburg Narrendienste geleistet haben soll. Gestorben ist Klaus Narr 1530 in Torgau. Das war noch lange vor der Zeit, als in Altranstädt europäische Geschichte geschrieben wurde, und zwar ein Teil der Geschichte des Großen Nordischen Krieges. Im Altranstädter Schloss gingen fast ein Jahr lang Könige und deren Gesandte ein und aus, wurden wichtige Beschlüsse verbrieft und versiegelt. Das Ganze liegt allerdings schon drei Jahrhunderte zurück.

Doch wenn Sie sich am Wochenende für Altranstädt entschließen, können Sie das Schloss nicht nur von Außen besichtigen, sondern sich nachmittags in einer Ausstellung gründlicher mit den Ereignissen des Jahres 1706, deren Vorgeschichte und Folgen beschäftigen. Außerdem locken kleine Kunstausstellungen ins historische Ambiente.

Doch welche Rolle hat das Schloss damals konkret gespielt? 1699 war ein Bündnis Russlands, Dänemarks und Polen-Sachsens zustande gekommen, das die Vormachtstellung Schwedens im Ostseeraum von drei Seiten gefährdete. Und Dänemark erklärte Schweden den Krieg. In den ersten Kriegsjahren konnte der erst 18-jährige Karl XII. von Schweden glänzende Siege über seine drei mächtigen Gegner erringen. 1700 hatte er zunächst die Dänen zum Frieden von Travendal gezwungen und wenig später die Russen bei Narwa besiegt. Dann wandte er sich gegen Polen und Sachsen. Nach der Eroberung Polens überschritt er am 1. September 1706 die deutsche Grenze und besetzte Sachsen. Den Schweden war ein schlechter Ruf vorausgeeilt, der zum Teil noch aus dem Dreißigjährigen Krieg stammte. Doch Karl XII. sicherte der Bevölkerung zu, dass es keine Übergriffe und Repressalien geben werde, wenn die Anordnungen der Besatzungsmacht befolgt würden.

Am liebsten hätte er sein Hauptquartier in Lützen aufgeschlagen, so nahe wie möglich bei der Stelle, an der im Dreißigjährigen Krieg Gustav Adolf von Schweden gefallen war. Doch Lützen gehörte zum neutralen Gebiet des Herzogtums Merseburg.

Am Nachmittag des 20. September 1706 rückte Karl XII. mit zwei Regimentern Kavallerie in das schon im Sächsischen gelegene Altranstädt ein und nahm im Schloss Quartier. Schon vier Tage später wurde hier der berühmte Frieden von Altranstädt unterzeichnet, der den Höhepunkt des schwedischen Reiches bedeutete. August der Starke büßte damit die nicht einmal zehn Jahre zuvor errungene polnische Königskrone ein, sondern musste auch noch Karls Favoriten, den Wojewoden Stanislaw Leszczynski, als neuen polnischen König anerkennen.

August befand sich zu der Zeit jedoch in Polen. Somit kam er zwar um die persönliche Unterschrift unter den Vertrag herum, nicht aber um die Ratifizierung. Im Dezember 1706 erschien er dann selbst in Altranstädt, um mit Karl unter vier Augen zu sprechen, denn der war ja immerhin sein leiblicher Vetter. An den Friedensbedingungen vermochte er aber dadurch nichts zu ändern.

Karl XII. hatte es nicht eilig, Sachsen wieder zu verlassen. Ganz offensichtlich wollte er noch die neue Ernte abwarten und sich in aller Ruhe auf den bevorstehenden Feldzug gegen Russland vorbereiten. Die schwedischen Soldaten sollen sich in Sachsen, so ist überliefert, wohlgefühlt haben. Schließlich standen jedem von ihnen täglich zwei Pfund Fleisch, zwei Pfund Brot, ein Gericht Zugemüse, ein halbes Pfund Butter oder Speck und drei Kannen Bier zu. Der Schwedenkönig wartete auch noch darauf, dass Kaiser Joseph I. die Verträge ratifizierte, die den schlesischen Protestanten wieder Religionsfreiheit gewähren sollten und ihnen die Rückgabe von 120 ihrer ehemaligen Kirchen zusicherte. Das geschah am 1. September 1707 mit der Altranstädter Konvention.

Karl, der bis dahin den Abmarsch seines Heeres von Altranstädt aus überwacht hatte, brach nun selbst nach Schlesien auf, nicht ahnend, dass sein Heer bald vernichtend geschlagen würde. In der Entscheidungsschlacht bei Poltawa unterlag er 1709 dem russischen Heer und floh ins Osmanische Reich. Russland annektierte Estland, Livland sowie Teile Kareliens und Finnlands und ging so als eigentlicher Gewinner aus dem Krieg hervor, als aufstrebende Großmacht mit einem Zugang zur Ostsee. Mit der Unterstützung Preußens gelang es der Koalition, die Vorherrschaft Schwedens in Nordeuropa zu beenden.

Historisches Herzstück des Schlosses ist das legendäre „Friedenszimmer" im ersten Obergeschoss, das um 1780 von Graf Hohenthal, dem damaligen Schlossbesitzer, zur Erinnerung an Frieden und Konvention eingerichtet wurde. Es ist vollständig erhalten und hat noch heute keine moderne Beleuchtung. Im Nebenraum wird ein Stück schwedische und sächsische Geschichte erläutert und die Altranstädter Ereignisse werden in die Zusammenhänge des Großen Nordischen Krieges gestellt.

Schloss und Turm gehören heute der Kommune, und dass die Schlossanlage mit Hof und Garten auch von außerhalb immer mehr Besucher anzieht, ist dem Förderverein zu danken. Im Jahr 2001 haben sich sieben Ambitionierte zusammengefunden und verschreiben sich seitdem ganz offiziell der Erhaltung, Pflege, Sanierung und Nutzung des Ensembles. Inzwischen ist ihre Zahl auf gut 90 gewachsen, manche kommen sogar aus Leipzig. Ihre Arbeit wurde vor allem vom Regierungspräsidium, der Stiftung Denkmalschutz und der Gemeinde tatkräftig unterstützt, und so können sich die Früchte sehen lassen: Die dringend erforderliche Außensanierung ist abgeschlossen, im Innern wurden vielfältig nutzbare Räume und Gewölbe freigelegt und hergerichtet. Einige haben sich mit Erfolg als Galerie etabliert, andere können für private Feiern gemietet werden. Hof und Garten laden zu Festen ein, und in der Kirche finden Gottesdienste, Konzerte und Trauungen statt. Für standesamtliche Eheschließungen wurde im Schloss ein stimmungsvolles Trauzimmer eingerichtet.

Gastliches Kloster und fehdelustige Burgherren

Das Kloster Altzella bei Nossen war einst von einer bis zu fünf Meter hohen Bruchsteinmauer umgeben, die das reichlich 17 Hektar große Gelände von der Außenwelt abschlossen. Zum Dorf hin ist diese Mauer auch heute zum größten Teil noch erhalten oder wiederhergerichtet, so dass es am schönsten ist, den Weg durch das gewaltige romanische Portal zu nehmen, das früher der einzige Zugang zum Kloster war. Eine passendere Einstimmung auf das, was den Besucher dahinter erwartet, kann man sich kaum vorstellen.

Altzella - ursprünglich als würdevolle Familiengrabstätte für die Nachkommen des Markgrafen Otto von Meißen gedacht - war einst die bedeutendste Zisterzienserabtei Mitteldeutschlands. Zur Stiftung des Klosters hatte sich Otto von seiner Gemahlin Hedwig überreden lassen. Bei einem Besuch auf dem Petersberg nahe Halle hatte diese nämlich erfahren, dass Ottos Nachkommen nicht in dem von seinem Vater gestifteten Peterskloster begraben werden könnten. Auf seine Bitten hin übereignete Kaiser Friedrich Barbarossa am 26. Februar 1162 einer vom Markgrafen gestifteten Abtei 800 Hufen Land, was einer Fläche von 275 Quadratkilometern entspricht. Das Land stammte aus Ottos Lehen und umfasste ein Waldgebiet, in dem der Markgraf schon 1156 die Rodung veranlasst hatte. Übertragen wurde auch die „Nutzung“ der Städte Roßwein und Siebenlehn sowie weiterer 75 Dörfer.

Zeitweise lebten hier bis zu 240 Mönche. Sie widmeten sich der Viehzucht, bauten Gemüse, Obst, Hopfen und Wein an, züchteten Bienen und Fische. Das war auch nötig, da das Kloster pro Tag noch etwa 32 Reisende und ein gutes Dutzend Pferde zu beherbergen hatte. Die Verpflegung der Gäste hing streng von deren Stand ab. So standen einem Edelmann eine Suppe, Zugemüse, zwei Gerichte von Fleisch, Fisch oder Eiern mit Klosterbier und einer Dresdner Viertelskanne Wein zu. Ein Fußgänger hingegen bekam bloß eine Suppe, ein Stück Fleisch, Fisch oder ein paar Eier und Klosterbier.

Das Kloster erlebte verschiedene Blütezeiten, seine letzte unter Abt Martin von Lochau, der das Obergeschoss des Konversenhauses zum weiträumigen Bibliothekssaal umbauen ließ. Der Saal war 42 Meter lang und zehn Meter breit. Er trug eine mächtige Holzbalkendecke. Die Altzellaer Bibliothek war eine Pultbibliothek, die Bücher standen also nicht in Schränken oder Regalen, sondern lagen auf 36 Pulten, an denen sie mit Ketten befestigt waren. Das Kloster entwickelte sich zu einem geistigen Zentrum in der Markgrafschaft Meißen.

Als es 1540 säkularisiert wurde, lebten hier noch 15 Mönche, neun Konversen oder Laienbrüder und 93 Personen „Klostergesinde“. Die Bücher übergab Kurfürst Moritz von Sachsen der Leipziger Universität, in deren Besitz sie sich bis heute befinden. Nach der Aufhebung des Klosters dauerte es nicht lange, da wurde es geplündert, und schon 1565 war es nur noch Ruine. So paradox es auch klingen mag: Nur was landwirtschaftlichen Zwecken dienen konnte, blieb erhalten. Bereits 1580 war der Bibliothekssaal nur noch Getreidespeicher, was ihn glücklicherweise vor dem Verfall bewahrte. Im darunter liegenden Refektorium wurde um 1700 der Wendelstein abgebrochen, um den ganzen Raum als Kuhstall nutzen zu können.

Die Fürstengrabstätten waren bald von Ellen hohem Schutt bedeckt. Gut einhundert Jahre später förderten erste Ausgrabungen Gräber und Knochenreste zutage, für die man 1676 notdürftig eine Begräbniskapelle errichtete. An ihrer Stelle entstand 1804 ein Mausoleum. Die Klosterruinen wurden in die Gestaltung eines romantischen Landschaftsparks einbezogen, der immer wieder Maler anzog, von denen die berühmtesten wohl Caspar David Friedrich und Adrian Ludwig Richter waren.

Auch nach dem Zweiten Weltkrieg wurde das, was vom Kloster geblieben war, als Gut genutzt. Obwohl es auf der Zentralen Denkmalliste der DDR stand, schien sein weiterer Verfall nicht mehr aufzuhalten zu sein. Daran änderte sich erst etwas, als Mitte des vergangenen Jahrhunderts im einstigen Speisesaal ein Lapidarium eingerichtet wurde und

eine Ausstellung über die Klostergeschichte informierte. Nach der Wende hat der Freistaat das Klostergelände übernommen und die Gebäude seitdem umfangreich saniert: das Mausoleum restauriert, Konversenhaus und Wendelstein rekonstruiert, und im Bibliothekssaal sind wieder Pulte aufgestellt, auf denen man sich stilvoll über ganz unterschiedliche historische Themen informieren kann. Hier lässt sich sogar heiraten, die Hochzeit in der nahen Galerie feiern und die Hochzeitsnacht in der Klosterherberge verbringen. Das gilt natürlich auch für andere Feierlichkeiten.

Doch der Reiz der geretteten Gebäude mitsamt dem kleinen Café, dessen Terrasse auch durch ihren Blumenschmuck dem Besucher tatsächlich den Eindruck vermittelt, zu Gast im Kloster zu sein, macht nur einen Teil der Faszination von Altzella aus. Es ist der Park als Gesamtkunstwerk, von dem eine ganz besondere, nahezu magische Anziehungskraft ausgeht. Sie erwächst aus dem romantischen Miteinander von Natur und Architektur, Restauriertem und Verfallenem und der diskreten Art, über Vergangenes zu informieren.

Es fällt sichtlich schwer, sich vom Klosterpark zu verabschieden, aber auch die unmittelbare Umgebung ist voller landschaftlicher Reize. Wie wäre es mit einer Wanderung durch den nahen Zellwald oder einem Spaziergang an der Freiberger Mulde? Am Fluss aufwärts kann man sogar bis zum Zollhaus Bieberstein gehen, wo an der Einmündung der Bobritzsch die alte Heerstraße von Meißen nach Freiberg verlief und die Herrschaft des Rittergutes den Brückenzoll erhob. In der Höhe ist dann bald das Schloss Bieberstein zu sehen, ein wuchtiger Bau, der aus herrlichem Laubwald hervorschaut. Das Schloss, das bis vor einigen Jahren noch als Jugendherberge diente, ist Mitte des 17. Jahrhunderts bei der alten Doppelburg Bieberstein entstanden. Diese soll ein Turmgebäude mit tiefen, gewölbten, schaurigen Gängen besessen haben und in den Stürmen des Dreißigjährigen Krieges unwohnlich geworden sein. Besitzer waren vor allem die Marschälle von Bieberstein.

Geübte Wanderer, denen die insgesamt 13 Kilometer (plus Rückweg) nicht zu viel sind, schaffen von hier auch das restliche Wegstück bis zur Mühle in Krummenhennersdorf und lernen dabei einen der schönsten sächsischen Wanderwege kennen.

Historisches Kleinod vor dem Vergessen bewahrt

Kennen Sie diese herrliche Tour an der Grimmaer Mulde? Vom Parkplatz an der Pöppelmann-Brücke hinauf nach Hohnstädt zum Göschenhaus, von dort nach Böhlen, dann wieder hinunter zur Mulde und ihrem weiten Bogen folgend bis zur Loreley, um schließlich bei Bahren den Fluss zu überqueren. Am anderen Ufer steil hinauf ins Naturschutzgebiet Döbener Wald mit der Feueresse, einer hohen, freistehenden Porphyrsäule, wo man einen herrlichen Muldeblick hat. Um den altslawischen Wall zu erkennen, braucht es schon ein geschultes Auge. Wer jedoch in Döben den kurzen Weg zurück nach Grimma nimmt, verpasst wirklich etwas!

Da ist nicht nur die große, weithin sichtbare Chorturmkirche, ein großer freier Platz, der selbst einem Städtchen gut zu Gesicht stünde, und ein stattlicher Gasthof mit einer Gedenktafel für den Posaunisten Carl Traugott Queißer. Und da ist die Schlossstraße, die sogar zu einem richtigen Schlosshof führt. Ein Schloss aber werden Sie dort wohl nicht finden, es sei denn, Sie durchqueren den Hof und entdecken am Ende derart viele Gewölbe und Keller, dass manche Grabungsstätte neidisch würde. Das ist schon alles, was vom Schloss geblieben ist, dessen Ruinen 1972 gesprengt wurden. Krasser könnte der Kontrast kaum sein zur wieder aufgebauten Alten Brauerei, zu Schweizerhaus und Malztenne. Und auch nicht zum hübschen Pavillon, der an der Kante des Felssporns steht und den sicher schönsten Blick in die liebliche Landschaft mit dem Muldeknie bietet.

Das im Zweiten Weltkrieg nur leicht beschädigte Rittergut wurde mit der Bodenreform enteignet und erst Flüchtlingsunterkunft, dann Baustoffquelle für Neubauern und Umsiedler, verwahrloste immer mehr, wurde gesprengt und schließlich abgesperrt … – bis nach der Wende Karl-Friedrich von Below, ein Verwandter des letzten Eigentümers, das Anwesen gekauft hat: „2,5 Hektar gesprengtes Schloss mit Ruinenhof und unbekannten Kellern und Gräben, abrutschendem Hang und fantastischem Blick".

Mit der Familie seines Sohnes, der bald darauf in der Döbener Kirche heiratete, hat er alles darangesetzt, den jungen Leuten und ihren vier Kindern hier ein Zuhause zu schaffen. Dass für sie daraus eine Heimat mit Gleichgesinnten, Freunden und vielen engagierten Helfern geworden ist, die auch

dem Dorf gut tut, das haben sie selbst bewirkt. Meilensteine waren dabei die Gründung des Freundeskreises Dorf und Schloss Döben 1995 und die unermüdliche Arbeit von Schülern aus Glauchau, Hohenstein-Ernsttal und Grimma bei der behutsamen Freilegung der Schlossruine.

Die einstige Schlossanlage geht wohl auf einen Burgward aus dem frühen 10. Jahrhundert zurück, mit dem die Döbener Burggrafen in königlichem Auftrag einen alten Muldenübergang gesichert haben. Bei einer über tausendjährigen Geschichte gibt es viel zu erforschen und unglaublich viel über Höhen und Tiefen zu erzählen. Die heutige „Schlossherrin" hat sich dieser Herausforderung gestellt und aufgeschrieben, was sie in Erfahrung bringen konnte.

Zum Beispiel, dass im Herbst 1188 Otto der Reiche wegen Erbstreitigkeiten von seinem Sohn Albrecht in Döben gefangen gesetzt und erst auf Befehl Barbarossas wieder freigelassen wurde. Oder dass Anna von Lüttichau das Rittergut Döben kaufte, um den Niedergang der Familie zu verhindern. Was hat sie nicht alles unternommen, damit ihr Gemahl Hans Asmus, der im Zorn den Diener eines Zechkumpanen tödlich verletzt hatte, dafür nicht mit dem Tode bestraft wurde!

Eine romantische Geschichte erklärt, warum sich viele Japaner für Döben interessieren und einige sogar deswegen nach Sachsen kommen. 1977 machte sich auch der japanische Generalkonsul in Düsseldorf auf den Weg nach Döben, wegen einer zarten Liebesgeschichte um Ida von Böhlau. Durch eine Novelle ist Ida aus Döben in Japan fast so bekannt wie hierzulande Goethes Gretchen. Das kam so: Im ausgehenden 19. Jahrhundert hatte sich Japan gegenüber dem Westen geöffnet und begabte Studenten nach Europa geschickt, um sich so das

Wissen der westlichen Universitäten zu erschließen. 1884 kam ein junger Medizinstudent als Leutnant der japanischen Armee nach Deutschland, der hier Militärhygiene und gesundheitswesen untersuchen sollte. Von seinem ersten Studienort Leipzig aus nahm Mori Ogai 1885 an einem Herbstmanöver des 12. Sächsischen Militärkorps teil. Dieses fand an der Mulde statt und die Offiziere waren in den umliegenden Schlössern untergebracht. So kam er am 5. September nach Döben, wo der Schlossherr die Töchter des Hauses vorstellte. Augenscheinlich verliebte sich Mori sehr schnell in die schöne Ida. Wie nahe sich die Beiden wirklich gekommen sind, wird man wohl nie erfahren. Fest steht nur, dass er ihr, zurück in Japan, ein literarisches Denkmal gesetzt hat. Und auch ihm hat man ein Denkmal gesetzt, eine Büste auf dem Döbener Schlosshof. Auf der Tafel steht: „MORI OGAI (MORI RINTARO) / 1862-1922/ ARZT, SCHRIFTSTELLER U. ÜBERSETZER“.

Die früheren Schlossherren würde es freuen zu sehen, wieviel Leben in die einstige Schuttwüste zurückgekehrt ist. Sie wären froh, dass die Wirtschaftsgebäude wiedererstanden sind und rege genutzt werden. Besonderer Beliebtheit erfreut sich der Bogenzauberraum in der Alten Brauerei, der nicht nur stimmungsvoller Rahmen für Veranstaltungen aller Art ist, sondern auch für private Feiern sehr gefragt ist. Über der historischen Brauerei, wie auch im Haus Burgblick vor dem Schlosshof, kann man sogar übernachten.

Von den Schwierigkeiten, fürs Sommerfest einen Esel zu bekommen

Das reizvoll im Muldental gelegene, mehr als 800 Jahre alte Grimma ist für Geschichtsinteressierte wie Wanderfreunde seit jeher ein beliebtes Ausflugsziel. Schließlich lockt hier ein Altstadtkern, der vollständig unter Denkmalschutz steht: Am Marktplatz besticht das Rathaus mit seiner dekorativen Renaissance-Fassade, die Häuser Nummer 14 und 15 fallen durch liebevoll restaurierte Renaissance-Giebel auf und ein knappes Dutzend weiterer Gebäude durch ihren schönen barocken Baustil. In der Nummer 11, dem jetzigen Seume-Haus, hatte der Verleger Göschen seine Druckerei.

Nur wenige Gehminuten vom Markt entfernt lädt die in der ersten Hälfte des 13. Jahrhunderts erbaute Frauenkirche mit einem bemerkenswerten Schnitzaltar zum Besuch ein. Martin Luther soll hier mehrmals gepredigt haben. Im nach der Reformation aufgelösten Kloster St. Augustin hatte Kurfürst Moritz Mitte des 16. Jahrhunderts die dritte der berühmten sächsischen Fürsten- und Landesschulen einrichten lassen.

Vom Stadtzentrum Mulde aufwärts bequem zu Fuß zu erreichen ist die Klosterruine Nimbschen. Das Zistenzienserinnenkloster wurde vor allem durch Katharina von Bora bekannt, die von hier auf höchst abenteuerliche Weise geflohen ist und später die Ehefrau Martin Luthers wurde. Kurz hinter der Klosterruine kann man mit der Fähre zum Denkmaldorf Höfgen übersetzen, das mit seiner historischen Wassermühle und der trutzigen Wehrkirche im Stil des Bauernbarock wie eben erst für einen Historienfilm aufgebaut wirkt.

Spuren der Jahrhundertflut, die Grimma mit ihrem verheerenden Muldehochwasser nicht nur deutschlandweit in die Schlagzeilen gebracht und beispiellose Hilfsaktionen ausgelöst hat, sind kaum noch erkennbar. Sieht man von den erschreckenden Wasserstandsmarken an den frisch sanierten Häusern ab, wird man auf der 2002 mitten über den Fluss „abgebrochenen" Pöppelmann-Brücke an die entsetzlichen Tage im August erinnert. 2012 wurde sie wiederaufgebaut. Auch die Hängebrücke ein Stück flussaufwärts ist längst erneuert. Seit 2019 ist schließlich die komplexe Hochwasserschutzanlage fertiggestellt, ein zwei Kilometer langes Bauwerk mit 78 Toren, die bei Gefahr in zwei Stunden geschlossen werden können.

Zu einem schönen Spaziergang lädt auch der Weg an der Mulde flussabwärts ein. Bei der Grundmühle führt ein Sträßlein bergauf in die Schillerstraße. In der Nummer 25 bietet sich eine herrliche Gelegenheit, in die Welt des ausgehenden 18. und frühen 19. Jahrhunderts einzutauchen. Neben dem Landhaus empfängt den Besucher auf dem steilen, felsigen Ufer der Mulde ein großer terrassenförmiger Garten im englischen Stil. Wer seine Phantasie auf die Reise schickt, vermag sich gut vorzustellen, wie es hier wohl zuging, wenn die Familie des gastfreundlichen Hausherrn ihre Sommerfeste feierte. Die Gäste waren selbstverständlich als Mitwirkende in die Aufführung von Theaterstücken einbezogen. Aktenkundig ist zum Beispiel die Aufführung des „Don Quijote" geworden, und zwar weil man sich dafür von der Stadt den Esel ausborgen wollte, was die Stadtväter, gewissermaßen als Missbrauch des Amtsesels, rigoros ablehnten.

Der gastfreundliche Hausherr war der Leipziger Verlagsbuchhändler und Buchdrucker Georg Joachim Göschen, der das Anwesen 1795 erworben hatte und zunächst als Sommersitz nutzte. Seine Begeisterung über den Neuerwerb hat er in einem Brief festgehalten. Er, der guten Ruf und wirtschaftlichen Erfolg vor allem den Klassikerausgaben verdankte, schrieb: „Ich glaube, ich habe mir einen Zuwachs an Gesundheit und Lebenskraft erkauft in einem artigen Gebäude und einem Garten in einer der schönsten Gegenden der Welt." Kein Wunder also, dass er, wenn auch fast 20 Jahre später, seinen ständigen Wohnsitz und dann auch noch seine Verlagsbuchhandlung nach Grimma verlegte.

Die Museumsräume vermitteln den Eindruck, als käme man gerade selbst zu Göschens zu Besuch und der Hausherr sei vielleicht eben mal in den Garten gegangen, um zu schauen, ob dort alles für den Empfang der Gäste vorbereitet ist. Wenn es im Kaminzimmer einladend duftet, ist das ein sicheres Zeichen für einen KKK-Nachmittag: Kultur bei Kaffee und Kuchen. Beliebt ist auch das schöne Kinderprogramm. Natürlich kann man die Räumlichkeiten auch für eigene Veranstaltungen mieten.

Ein weiterer Raum ist dem Schriftsteller und Publizisten Johann Gottfried Seume gewidmet. Der Sohn eines verarmten und früh verstorbenen Landwirts war ein Freund und Mitarbeiter Göschens und eine rastlose Persönlichkeit. Als er seine Arbeit bei Göschen aufnahm, hatte er bereits ein höchst abenteuerliches und gefährliches Leben hinter sich, über das man in seinem Werk nachlesen kann. Er hatte als junger Mann Leipzig heimlich verlassen, um nach Paris zu wandern. Doch war er bald von hessischen Werbern ergriffen und an die Engländer verkauft worden, die damals Krieg gegen ihre nordamerikanischen Kolonien führten. Nach Friedensschluss brachte man die Hessen wieder nach Europa zurück, und Seume desertierte aus Furcht, an die Preußen verkauft zu werden. Dabei fiel er allerdings den Preußen in die Hände und wurde erst nach mehreren missglückten Fluchtversuchen auf Kaution freigelassen. Er ging aus Emden weg, um seine geliebte Mutter in Knautkleeberg wiederzusehen, und ließ sich in Leipzig nieder, wo er studierte und Übersetzungen aus dem Englischen anfertigte. Seine finanziellen Sorgen verließen ihn erst, als er Erzieher des jungen Grafen Igelström wurde. Doch bald ging er mit dem Vater seines Zöglings nach Warschau und wurde Adjutant und Sekretär des Onkels, des russischen Generals Igelström. Während des polnischen Nationalaufstandes wurde er gefangen genommen. Nach seiner Befreiung durch die russischen Truppen glücklich wieder in Leipzig, quittierte er schließlich den russischen Dienst und folgte dem Wunsch seines Freundes Göschen. 1797 wurde er Korrektor in dessen Grimmaer Druckerei.

Das Haus am Markt 11 ist nicht nur städtebaulich und architekturgeschichtlich von Bedeutung. Vor allem entstanden hier mit Kupferstichen künstlerisch gestaltete Bücher, Werkausgaben von Klopstock, Iffland und Wieland. Das geschichtsträchtige Haus ist auch das einzige noch erhaltene authentische Gebäude, in dem Johann Gottfried Seume gelebt und gearbeitet hat. Es wurde so durch Göschens und Seumes Wirken zu einer Stätte von europäischem Rang.

Im Seumezimmer in Hohnstädt sind neben den Werken auch persönliche Gegenstände des guten Freundes der Familie zu sehen – Dinge, die helfen, sich ein Bild zu machen von einem, der so oft in Gefangenschaft geraten ist und der es vielleicht gerade deshalb liebte, zu Fuß und frei unterwegs zu sein. Eines Mannes, der von Grimma nach Leipzig ins Theater lief und zurück, der auf der Landstraße von Leipzig durch Lützen nach Poserna wanderte, um seine Mutter zu besuchen, die dorthin zu ihrer Tochter gezogen war. Seume wanderte auch nach Jena und Weimar und durch den Harz. Ende 1801 brach er von Grimma zu einer Fußreise nach Sizilien auf, während der er einige Male nur mit Glück dem Tod entging. Dieser „Spaziergang nach Syracus" hat ihn zum wohl bekanntesten Spaziergänger Europas gemacht und sein Buch zur Hintergrundlektüre nicht weniger Italien-Reisender.

Es muss dem asketischen und in seinen Bedürfnissen bescheidenen Seume wie eine Ironie des Schicksals vorgekommen sein, dass ihn kurz nach dem Tod seiner Mutter erst ein Fuß- und später ein Blasenleiden befiel. Er fuhr zur Kur nach Teplitz und starb dort wenige Tage später …

Von der Töpferkunst zu Amor und Psyche

„*Seit 1500vierzig u. acht werden hier Töpfe und Schüsseln gemacht.*“ Das steht am Giebel des stattlichen Hauses in der Burggasse 2. Die Töpferei Arnold in Kohren-Sahlis ist wohl Deutschlands älteste Töpferei. Der nur drei Dutzend Kilometer südöstlich von Leipzig gelegene Ort ist ein kleines, aber feines Töpferstädtchen, in dem einst zwölf selbständige Töpfermeister gearbeitet haben. Heute gibt es hier immerhin noch zwei Töpfereien und ein Töpfermuseum.

Eine stimmungsvolle Einstimmung auf das Töpferhandwerk und seine Geschichte bekommt man auf dem Markt. Der ziemlich steil aufsteigende Platz ist eigentlich eine verbreiterte Ortsdurchfahrt – und Bühne für das Wahrzeichen der Stadt, den in Deutschland einmaligen Töpferbrunnen. 1928 vom Frohburger Kunstkeramiker Kurt Feuerriegel geschaffen, erzählt er in acht Bildern den Werdegang der Töpferwaren, vom Graben des Tones bis zum täglichen Gebrauch des Geschirrs – und verhehlt auch nicht, dass es manchmal schnell zu Bruch geht. Gekrönt wird das farbenfrohe und volkstümlich-lebendige Kunstwerk in der Höhe von einer Topffrau, die lächelnd ihre Krüge feilhält.

Der Rundgang durch das seit 2018 zu Frohburg gehörende Städtchen ist ein spannender Ausflug in die Vergangenheit, nicht nur die des Töpferns. Doch einen Besuch des Töpfermuseums sollten Sie sich keinesfalls entgehen lassen. Der schöne alte Fachwerkbau zeigt in den Räumen einer ehemaligen Töpferei, wie viel handwerkliches Geschick und Fingerspitzengefühl das Töpfern braucht und vermittelt gleichzeitig auch einen Einblick in die Kohrener Töpfereigeschichte. Der Charme der Verquickung von Vergangenheit und Gegenwart lässt sich hautnah in den beiden Töpfereien erleben. Hier kann man in Ruhe den Töpferinnen bei der Arbeit zusehen und gern auch unverwechselbare Handwerkskunst für zu Hause erwerben.

Zum Burgberg mit seiner Ruine ist es nur ein Katzensprung. Ein Blick hinunter macht den Reiz der idyllisch-hügeligen Landschaft erst richtig bewusst. Der ins Tal vorspringende Felsen war schon in vorgeschichtlicher Zeit von den Sorben befestigt wor-

den. Dreimal soll die Burg zerstört worden sein: im Jahre 618 von den Franken, 810 bei einem Feldzug Karls des Großen gegen die Sorben und ein Jahrhundert später von einem sächsischen Herzog bei der Unterwerfung des Ostens. 974 schenkte der Kaiser den Burgward Kohren dem Stift Merseburg. Später wechselten die Besitzer mehrfach. Gegen Ende des Mittelalters gehörte Kohren übrigens dem Raubritter Helfreich von Meckau, einem Schwager des berühmt-berüchtigten Kunz von Kaufungen. Von hier soll auch der Altenburger Prinzenraub seinen Ausgang genommen haben, der Meckau den Verlust seiner Güter einbrachte.

Am Weg zur Burgruine liegt die 1224 im Übergang zwischen Spätromanik und Frühgotik als dreischiffige Pfeilerbasilika erbaute Stadtkirche St. Gangolf, die später im neoromanischen Stil überformt worden ist. Sehenswert ist auch der sorgfältig sanierte Pfarrhof. Als Evangelisches Zentrum bietet er Begegnungs- und Übernachtungsmöglichkeiten. In der Pfarre soll übrigens im April 1547 auch der spanische Herzog von Alba vor der Schlacht bei Mühlberg genächtigt haben.

Wenn Sie sich für Ihren Besuch in Kohren-Sahlis einen Tag ausgesucht haben, an dem in Rüdigsdorf Konzert ist, bietet es sich an, ganz gemütlich zu Fuß dorthin zu gehen. Schräg gegenüber vom ehemaligen Bahnhof geht's ins Tal der Maus. Die Maus wird freilich bald von der Ratte und diese später von der Katze „gefressen“ – und alle sind Nebenbäche der Wyhra. Der bequeme Fußweg folgt den zahllosen Windungen des Baches. Der Lenkersberg linkerhand ist vulkanischen Ursprungs. Er birgt eine fünfzig Meter dicke Schicht des sogenannten Rüdigsdorfer Sandsteins, der in Wirklichkeit Porphyrtuff ist: abgelagerter vulkanischer Staub. Durch das Eindringen von Kieselsäure hat er sich so verfestigt, dass er hart wie Feuerstein wurde.

Wo Steinstufen zur Maus hinunterführen, befindet sich der Gellert-Brunnen. Wenn der Fabeldichter im Sommer beim Rüdigsdorfer Gutsherrn zu Gast war, verweilte er gern an dieser Stelle. Gewiss ist hier manche seiner heute noch beliebten Fabeln entstanden. Diesen Platz mochte ebenso der längst in Vergessenheit geratene Balladendichter Börries von Münchhausen. Auch Maler kamen gern hierher, zum Beispiel Ludwig Richter, der die Kohrener Burgruine zeichnete, und Moritz von Schwind.

Ein paar hundert Meter weiter führt eine Brücke über die Maus. Auf einer kleinen Anhöhe liegt ein Gartensaal. Der ehemalige Besitzer der Rittergüter Sahlis und Rüdigsdorf, Dr. Heinrich Wilhelm Leberecht Crusius, ließ ihn als Musikpavillon einrichten. Und der damals 33-jährige Moritz von Schwind bekam den Auftrag, dort das Märchen von Amor und Psyche zu gestalten. Im November 1837 schickte er aus Wien seine ersten Entwürfe. Mit seinem Studienfreund Leopold Schulz kam er bald darauf nach Rüdigsdorf, um die Freskenmalerei auszuführen. Schwind schuf die Entwürfe sämtlicher Bilder, malte dann aber von den insgesamt neun Bildern nur vier selbst. Die übrigen stammen von Schulz. Gemeinsam haben beide an dem Hauptbild gearbeitet: Amor und Psyche vor Jupiter und Juno. Die weitere Ausstattung ist wohl nach den Vorstellungen Gottfried Sempers erfolgt

Wer zum Konzert hierher kommt, kann sich der Wirkung der anmutig in Bildern erzählten Geschichte nicht entziehen. Erinnern Sie sich noch? Weil das Volk die Königstochter Psyche wegen ihrer Schönheit verehrte, wollte sich Venus, die Göttin der Schönheit, voller Zorn und Neid an ihr rächen. Also beauftragte sie ihren Sohn, den Liebesgott Amor, dafür zu sorgen, dass Psyche in Liebe zum einfachsten und niedrigsten Manne des Volkes entbrennen und mit diesem verheiratet würde. Doch Amor missachtete den Auftrag seiner Mutter und besuchte Psyche unerkannt allnächtlich in ihrem Zauberschloss. Er erlag ihrem Zauber und vermählte sich heimlich mit ihr, verlangte aber, dass sie ihn nie von Angesicht zu Angesicht sehen dürfe, weil er sie sonst für immer verlassen müsse. Als Psyche, von ihren neidischen Schwestern gedrängt, den Schlafenden erdolchen wollte, spürte sie, dass sie nicht dazu in der Lage war. Doch in ihrem Schrecken fiel ein Tröpfchen heißen Öles auf Amors Schulter, wovon er erwachte und floh. Psyche suchte Amor überall, doch vergebens. Um ihn zu finden, musste sie schier unlösbare Aufgaben bestehen und geriet dabei in große Gefahr … Schließlich stehen Amor und Psyche vor dem Thron Jupiters und seiner Gattin Juno, wo Psyche die Unsterblichkeit erhält und mit Amor göttlich vermählt wird.

Doch auch ohne Konzert ist der Pavillon in den Sommermonaten an vier Tagen in der Woche für Besucher geöffnet. Wie wäre es, noch ein Stück an der Maus weiterzuwandern? In einer Viertelstunde kommt man zum Lindenvorwerk, wo man sich stärken und auf dem Gondelteich Boot fahren kann. Hier lockt auch die historische Lindigtmühle mit ihrem kleinen Museum und Produkten des altdeutschen Backofens. Nicht nur für Kinder spannend ist der nahe Hecken-Irrgarten mit seinen vielen Attraktionen. Für den Rückweg nach Kohren-Sahlis bietet sich der markierte Weg am rechten Hang des Maustales an. Und wer noch einen ganz besonderen Ausklang seines Kohren-Sahlis-Tages möchte: Nahe dem Parkplatz gibt es im Tal der Katze eine idyllisch gelegene Sommerrodelbahn …

„Verzeih'n Sie, fährt dieser Zug nach Kötzschenbroda?"

Udo Lindenbergs „Sonderzug nach Pankow" hat freilich schon ein paar Jährchen auf dem Buckel. In Vergessenheit geraten ist dieser Ohrwurm aber längst nicht. Dafür haben schon der originelle Text und die eingängige Melodie gesorgt. Wussten Sie eigentlich, dass dieser Titel eine ziemlich bewegte Vergangenheit hat und dass das gewissermaßen vor den Toren Dresdens gelegene Kötzschenbroda in dieser Geschichte eine höchst bemerkenswerte Rolle gespielt hat?

„Pardon me, boy, is that the Chattanooga Choo-Choo track twenty nine?", so wurde Anfang der 40er Jahre des vergangenen Jahrhunderts in den Vereinigten Staaten gesungen. Dieser große Glenn-Miller-Hit fand bald auch in Deutschland offene Ohren. Es war der Berliner Schlagersänger Hans Joachim Buhlan, der die eingängige Melodie von Harry Warren hernahm und einen nur auf den ersten Blick ähnlichen Reim darauf machte. Er schuf so einen deutschen Hit, der ein Stück Nachkriegstragik sarkastisch aufs Korn nahm und zugleich weit darüber hinaus wirkte. Als „Kötzschenbroda-Express" erklingt der einstige Hit sogar heute noch, zum Beispiel wenn das Radebeuler Weinfest eröffnet wird.

Unmittelbar nach dem Zweiten Weltkrieg hatte Bully Buhlan eine Zeit lang in Kötzschenbroda gelebt. Eine Zugfahrt zwischen Kötzschenbroda und seiner Heimatstadt Berlin aber war zu jener Zeit ein ziemliches Abenteuer und so hatte er gereimt:

Verzeih'n Sie, mein Herr,
fährt dieser Zug nach Kötzschenbroda?
Er schafft's vielleicht,
wenn's mit der Kohle noch reicht.
Ist hier noch Platz
in diesem Zug nach Kötzschenbroda?
Das ist nicht schwer,
wer nicht steh'n kann, liegt quer …

Bei den Angriffen im Februar 1945 waren die Dresdner Bahnhöfe weitgehend zerstört worden, so dass sich der nächste funktionsfähige Bahnhof in Kötzschenbroda befand, das in jener Zeit allerdings schon offiziell Radebeul-West hieß. Zeitzeugen erinnern sich mit Grauen, wie an den Zugtüren Menschentrauben hingen, mit einem Bein auf dem Trittbrett. Sogar die Puffer und Waggondächer waren besetzt und manch einer, der den Krieg glücklich überstanden hatte, verlor so auf der Fahrt nach Hause sein Leben.

In Kötzschenbroda, das an der Strecke der von 1827 bis 1839 eingerichteten ältesten deutschen Ferneisenbahnverbindung liegt, hielten die Züge schon seit 1845 und wenig später wurde der Haltepunkt zum Bahnhof ausgebaut. Auch heute kann man noch mit dem Zug nach Radebeul-West fahren. Seit 1996 hat es allerdings seinen alten Status als einfacher Haltepunkt zurück. Hier auszusteigen lohnt sich trotzdem!

Radebeul ist aus gleich mehreren bekannten Gründen immer eine Reise wert. Der Ortsteil Kötzschenbroda verdient dabei schon wegen seiner Geschichte besondere Aufmerksamkeit. Schließlich war das Dorf Jahrhunderte lang Mittelpunkt und Hauptort der Lößnitz. 1226 erstmals urkundlich erwähnt, genoss es durch den frühen Bau einer Kirche wie auch durch verschiedene städtische Rechte und den Wochenmarkt eine Sonderstellung. Im Dreißigjährigen Krieg von schwedischen Truppen zerstört, wurde 1645 im glücklicherweise nicht abgebrannten Pfarrhaus der Waffenstillstandsvertrag zwischen Schweden und Kursachsen unterzeichnet.

Kötzschenbroda entwickelte schnell eine beachtliche städtische Infrastruktur, erhielt als Großgemeinde aber erst 1924 das Stadtrecht und bereits 1935 endete seine kommunale Selbständigkeit durch den Zusammenschluss mit Radebeul. Doch der Name „Kötzschenbroda" blieb auch dank des Eisenbahnsongs ein Begriff.

Wer heute kommt, der sollte sich vor allem Altkötzschenbroda nicht entgehen lassen. Dahinter verbirgt sich die 1935 eingeführte Bezeichnung für die Straße durch den historischen Ortskern. Dieses Altkötzschenbroda hat sich in der jüngsten Vergangenheit sogar deutschlandweit einen ausgezeichneten Ruf erworben, und zwar als Beispiel für gelungene Stadtsanierung und dafür, was Bürgerengagement zu leisten vermag. Zu DDR-Zeiten war seine historische Bausubstanz dem Verfall preisgegeben. In den 1970er Jahren war sogar geplant, große Teile des alten Dorfkerns abzureißen und stattdessen eine Plattenbausiedlung zu errichten, was glücklicherweise verhindert werden konnte. Mit großem Engagement einer Bürgerinitiative gelang es durch die Ausweisung als Sanierungsgebiet, das Areal unter denkmalschützerischen Gesichtspunkten wiederherzustellen. Ein Förderrahmen von insgesamt fast 10 Millionen Euro hat es möglich gemacht, dass der Dorfplatz mit seinen schmalen, tiefen Höfen, Fachwerkhäusern mit massivem Untergeschoss und der städtischen Bebauung auf der Nordseite in neuem Glanz erstrahlt.

Doch es ist viel mehr gelungen als nur ein schönes Äußeres. Nämlich das, was von Fachleuten gern als Nachhaltigkeit bezeichnet wird. Und so ist es eine Freude, jedes einzelne Gebäude zu betrachten und zu sehen, auf welche Weise es mit Leben erfüllt ist. In wenigen Jahren ist hier eine Flaniermeile entstanden, die Einheimischen wie Besuchern auch ein breit gefächertes kulinarisches Angebot macht. Zusätzlicher Reiz erwächst aus der Nähe zum Elberadweg und den Weinbergen.

Der erste Beleg für den Weinbau in Kötzschenbroda – wie auch der Lößnitz insgesamt – stammt übrigens schon aus dem Jahre 1271, als ein Dietrich von Zlauschwitz dem Kloster Sitzenroda zwölf Fuder Wein aus seinem Berg in Kötzschenbroda übereignete. 1401 begründeten die Wettiner mit dem Kauf des Dorfes ihren Weinbergsbesitz in der Lößnitz. Weinbergsbesitzer waren neben der Kirche und dem Landesherrn von Anfang auch Adlige, wohlhabende Bürger und Bauern aus den umliegenden

Dörfern, die den Weinbau im Nebenerwerb betrieben. Dass die Reblaus an der Wende zum 20. Jahrhundert die Fläche dezimiert hat, ist längst vergessen. Die Terrassenweinberge mit Schloss Wackerbart und dem Spitzhaus, dem Bismarckturm und dem Jacobstein ziehen immer mehr Besucher an. Für die Spitzhaustreppe muss man aber ziemlich fit sein. Sie wird auch Jahrestreppe genannt, weil sie ursprünglich in 52 Abschnitten zu je sieben Stufen den Berg hinaufführte. Bei der Sanierung 1992 wurde sie auf 57 Abschnitte mit insgesamt 397 Stufen erweitert. Und beim ersten Treppenpodest oberhalb der Toranlage wurde eine Platte angebracht: „Damit der Volksmund Recht behält, wird künftig erst ab hier gezählt. Von hier an ist es wirklich wahr, bis oben hin ergibt's ein Jahr."

Als ob vielleicht der Teufel seine Hand im Spiel gehabt hätte

Kenner halten sie für eine der schönsten Brücken Deutschlands. Ganz sicher ist sie eine der besonders oft fotografierten. Eines der bekanntesten Wahrzeichen der Lausitz ist sie sowieso. Wenn sie sich im Rakotzsee spiegelt, erscheint ein perfekter steinerner Kreis und der Brückenbogen aus Basalt- und Feldsteinen wirkt derart zart und zerbrechlich, dass er fast unwirklich anmutet. So, als hätte beim Bau möglicherweise der Teufel seine Hand im Spiel gehabt, weswegen sie auch „Teufelsbrücke" genannt wurde. Kein Mensch könne sie betreten, ohne in ewige Verdamnis zu geraten, und so habe der Architekt eben zuerst einen Hund über die Brücke geschickt. Es wird auch erzählt, der Name komme vor allem daher, dass sich damals Zigeuner hier aufhielten und man die Kinder aus dem Dorf fernhalten wollte.

Die Rakotzbrücke, wie sie in Wirklichkeit heißt, führt über den mit einer Basaltorgel geschmückten Rakotzsee. Als man für die Sanierung das Wasser abgelassen hatte, machte man einen unerwarteten Fund. In der bereits vor Jahrzehnten eingestürzten Grotte fanden sich Reste des Torsos und der Kopf einer Herkulesfigur, die einst in der Grotte gestanden hatte.

Das Rakotz-Ensemble ist der absolute Besuchermagnet im 200 Hektar großen Rhododendron- und Azaleenpark Kromlau, der es 1994/95 als größter deutscher Park dieser Art sogar ins Guiness-Buch der Rekorde geschafft hat. Anlegen ließ den Park

Friedrich Hermann Rötschke. Der reich begüterte Grundbesitzer hatte das Gut Kromlau im Jahre 1842 erworben, also zu einer Zeit, als Fürst Pückler seinen nur wenige Kilometer entfernten Muskauer Park im Wesentlichen schon vollendet hatte. Wie jener konnte er für seinen Park die gleichen günstigen landschaftlichen Voraussetzungen nutzen: den Muskauer Faltenbogen mit seinem abwechslungsreichen Relief und den natürlichen, moorigen Bodensenken. Und er folgte auch Pücklers Abkehr vom geometrischen Barockgarten und dessen Hinwendung zum englischen Landschaftspark.

Dass der neue Kromlauer Gutsherr ein Mann von Welt war, zeigte sich nicht nur in seiner äußeren Erscheinung und seinem Auftreten. Er hatte auch gern Gäste, denen er ein brillanter Gastgeber war. Und er liebte die Kunst. Außerdem war er unverheiratet, und so verbrachte er viel Zeit mit dem Entwurf und der Gestaltung seines Parks. Augenscheinlich ließ er sich dabei von Pücklers Gedanken leiten, wonach ein Park wie eine Gemäldegalerie sein muss, in der man alle paar Schritte ein neues Bild sehen soll.1850 baute er das Kavalierhaus, für das er ebenso wie für sein Schloss Kopien von Bildern aus dem Dresdner Schloss und der Brühlschen Terrasse in Auftrag gab.

Seinen Park ließ er mit einheimischen und fremdländischen Gehölzen bepflanzen, mit Trauerbuchen, Tulpen- und Trompetenbäumen, Platanen, Pfaffenhütchen und Scheinzypressen. In den Moorsenken wuchsen allmählich Rhododendren und Freilandazaleen heran, die sich aufs Schönste in die Anlage einfügten und auch heute noch deren Farbenpracht und Einmaligkeit ausmachen.

Rötschkes besondere Leidenschaft aber galt dem Basalt, den er mit Ochsenkarren aus den Steinbrüchen der Sächsischen Schweiz und Böhmens heranschaffen und zu bizarren Gebilden formen ließ. Aus den sechskantigen Säulen entstanden so Grotten, Höhlen und Pyramiden, der Richterstuhl, Himmel und Hölle. Und durch den hohen Grundwasserstand und natürliche Quellen entstanden mehrere kleine Seen. Über einen ließ er die Rakotzbrücke bauen, was fast zehn Jahre dauerte.

Und die Brücke hat tatsächlich ein Menschenleben gekostet. Als nach Abschluss der Arbeiten die Stützpfeiler entfernt wurden, war ein Arbeiter von der Brücke in den Tod gestürzt. Rötschke soll nach diesem Vorfall oft grübelnd unter der Trauerweide gesessen haben. Ob das wohl auch der Grund war, dass er aus Kromlau weggezogen ist? Tatsache ist jedenfalls, dass er das Gut 1875 gegen Bauplätze in Berlin-Wilmerdorf eingetauscht hat und dann die Herren in schneller Folge wechselten, denn in den darauffolgenden vierzehn Jahren hatte Kromlau sieben Besitzer.

Die weitere Vervollkommnung des Parks ist besonders dem Grafen von und zu Egloffstein mit seinem Parkinspektor Georg Eichler zu verdanken. Dieser besorgte nämlich die Neupflanzungen von Rhododendren und Azaleen, die bis zum Ausbruch des Zweiten Weltkrieges fortgesetzt wurden. Nach dem Krieg ging die Anlage in Volkseigentum über. 1948 wurde sie zum Naturschutzgebiet erklärt und in den 60er Jahren begann man mit ihrer Pflege und Rekonstruktion.

Der einst zweifelhafte Ruf der Brücke gehört längst der Geschichte an. Heute gilt sie zu jeder Jahreszeit als beliebter Treffpunkt der Verliebten und solcher, die es werden wollen. In dieser Eigenschaft soll sie schon manche glückliche Beziehung gestiftet haben. Was für die meisten Parkbesucher noch viel wichtiger ist: Die marode gewordene Rakotzbrücke, die sogar im Märchenfilm „Der Zauberlehrling" einen großen Auftritt hatte, ist gerettet! Für mehr als vier Millionen Euro von Bund und Land wurde das Kleinod auch dank tatkräftiger Unterstützer aufwändig saniert und rekonstruiert. Allein hätte die Eigentümerin, die Gemeinde Gablenz, zu der Kromlau gehört, überhaupt keine Chance gehabt. Im Sommer 2021 fanden die mehrjährigen Arbeiten schließlich ihren Abschluss und die beliebte Brücke konnte wieder freigegeben werden.

Und wer jetzt noch wissen möchte, wann sich der Kromlauer Park mit seinen architektonisch bemerkenswerten Bauwerken von seiner schönsten Seite zeigt, sollte mehrmals kommen. Im Frühling, wenn die Rhododendren und Azaleen blühen, im Herbst, wenn mit der prächtigen Laubfärbung eine gänzlich andere Stimmung einzieht. Und natürlich im Sommer, wenn noch dazu der nahe Badesee mit Campingplatz und Feriendorf zum längeren Verweilen einlädt. Ein Tipp für die Anreise ist auf jeden Fall die Waldeisenbahn – eine 600-Millimeter-Schmalspurbahn, deren Gleisanlagen Ende des 19. Jahrhunderts eigentlich für den Güterverkehr gebaut wurden …

Wie ein Dorf auf den Elefanten gekommen ist

Wenn Sie zwischen Wurzen und Oschatz unterwegs sind, sollten Sie in der Ortsmitte von Kühren besonders wachsam sein, um den Elefanten auf dem Dorfplatz nicht zu verpassen. Von der Größe her ist er eigentlich ein ganz junges Tier und obwohl er sich nicht bewegt, gelingt es ihm doch ganz gut, neugierige Blick der Vorbeifahrenden einzufangen.

Wer seinetwegen anhält und durch den Ort geht, merkt bald, dass dieser Elefant nicht der einzige ist und offensichtlich das ganze Dorf auf den Elefanten gekommen zu sein scheint. Der Elefant war nicht nur im Wappen von Kühren-Burkartshain abgebildet, auch die Grundschule ist nach ihm benannt und die Kindertagesstätte heißt „Rüsselchen". Natürlich führt auch der Gasthof den Elefanten im Namen, dessen Wirtin inzwischen wohl mehr als 1500 Elefanten gesammelt hat, was für viele ein zusätzlicher Grund ist, hier einzukehren. Und die besondere Attraktion des jährlichen Dorf- und Kinderfestes ist natürlich ein Elefantenwannen-Rennen.

Doch wie ist der Elefant auf den Kührener Dorfplatz gekommen und warum konnte er sich so ausbreiten? Dazu wird unter denjenigen, die sich in Sachsen und seiner Geschichte etwas auskennen, amüsiert eine Geschichte weitergereicht, die zumindest die Einwohner im späten 19. Jahrhundert in die Nähe der Schildbürger rückt. So wird erzählt, dass Kührener am 8. Juli 1888 einen Elefanten gejagt und ermordet hätten. Der Ruf dieses ungeheuerlichen

Geschehens hat damals in ganz Sachsen seine Runde gemacht und ist über die Landesgrenzen hinaus sogar bis nach Übersee gedrungen. Dem Dorf hat das natürlich nicht unbedingt zum Ruhme gereicht, und darüber lachen konnte man hier erst viel später. Doch die Geschichte soll in Wahrheit ganz anders gewesen sein.

Der Kaufmännische Verein zu Wurzen hatte an jenem Tag im Garten der Gaststätte „Stadt Leipzig" ein Sommerfest veranstaltet und am späten Nachmittag einen seidenen Luftballon steigen lassen, der die Gestalt eines Elefanten hatte. Der Ballon trieb auf Kühren zu. Bei den Probstwiesen ging der Elefant schließlich nieder und stellte sich in ein Kornfeld.

Die Dorfjugend hatte den Ballon kommen sehen und war ihm entgegengeeilt. Da sich die Jugendlichen aber nicht ins Feld wagten, soll ihnen der Bauer Ulbricht, der von der Wildentenjagd heimkehrte und ein rechter Spaßvogel war, die Freude gemacht haben: Er schoss auf den Ballon, und der Elefant sackte in sich zusammen. Im Triumphzug wurden die Fetzen ins Dorf getragen.

Die Geschichte vom „Elefantenmord“ war kaum passiert, da wurde sie auch schon gereimt und besungen. Und unter den Eingeweihten war sie nicht tot zu kriegen. Als sie sich zum 50. Mal jährte, führte der Wurzener Faschingsumzug einen Elefanten mit, den man anschließend den Kührenern zustellte. Erst als Kühren 1954 sein 800-jähriges Ortsjubiläum feierte, war genügend Gras über die Sache gewachsen. Im Festumzug gab es den Elefantenmord mit Sonntagsjäger, Mäher, Elefant und Kindern. Wenn schon jemand über die Elefantenjagd lachte, dann wollten es die Kührener selbst sein! Doch erst 1976 wurde in der Kneipe die Idee geboren, einen Elefanten auf den Dorfplatz zu stellen.

Der im Jahre 2000 gegründete Heimatverein hat den Elefanten in seine Obhut genommen und ein Dorf- und Heimatmuseum eingerichtet. Er engagiert sich für das beliebte Naturbad und reges Leben im Ort. Kühren, seit 2006 ein Ortsteil von Wurzen, ist auch sonst bemerkenswert. Hier hat der Bischof von Meißen 1154 flandrische Bauern angesiedelt, mit großen Privilegien ausgestattet und sogar einen Vogt eingesetzt. Auch die romanische Dorfkirche geht auf 1154 zurück. In ihrem Innern machte man 1952 einen sensationellen Fund: Beim Abklopfen des schadhaften Putzes im Altarraum kamen Fresken aus der Zeit um 1400 zutage …

Lützschena und eine Familiengeschichte

Im Domstiftsarchiv Merseburg befindet sich aus dünnem Pergament ein Dokument aus dem 13. Jahrhundert. Sein honigfarbenes Siegel ist kaum mehr zu erkennen. Es bestätigt, dass Markgraf Dietrich von Landsberg am 6. September 1278 dem Bischof der Kirche von Merseburg „eine gewisse uns bekannte Siedlung Luzsene" verkauft hat. Das ist die erste urkundliche Erwähnung des Ortes Lützschena und damit seine offizielle Geburtsurkunde. Sein alter Name Luzsene stammt aus dem Slawischen und soll „Leute, die im Wiesenlande wohnen" oder auch „schöne Lage" bedeuten.

Die günstige Lage ist sicher auch der Grund, weswegen das Gebiet bereits in vorgeschichtlicher Zeit besiedelt war. Die Kelten wurden später von den Germanen verdrängt, und aus dem Osten Europas kamen slawische Stämme, um sich einen neuen Siedlungsplatz zu suchen. Diese wiederum wurden von fränkisch-sächsischen Kriegsherren der Karolingerzeit unterworfen.

Die schöne Lage in der lieblichen Auenlandschaft nordwestlich von Leipzig bedeutete indes nicht, dass es die Bewohner hier leicht hatten. Um das Rittergut siedelten sich Kleinbauern und Landarbeiter an, und ihr Leben war doppelt schwer. Sie waren nicht nur Missernten, Feuersbrünsten, Krankheiten ausgeliefert und hatten Frondienste zu leisten. Besonders in Kriegszeiten wurde ihnen noch dazu die strategisch günstige Lage des Ortes an der Straße zwischen Leipzig und Halle zum Verhängnis. Am schlimmsten war, dass sie in einem Grenzgebiet lebten, das Nahtstelle zwischen Sachen und Preußen und damit oft genug Kampfgebiet war. Auch die liebliche Natur war ihnen nicht immer wohl gesonnen, besonders im Frühjahr und Herbst, wenn Elster, Luppe und Hundewasser über ihre Ufer traten.

Die Lebensbedingungen der Bewohner sollten sich erst mit dem Jahr 1822 grundlegend ändern, und zwar durch einen Mann, der mit seinen Nachfahren weit über ein Jahrhundert die Geschicke Lützschenas maßgeblich geprägt hat. Für reichlich 100.000 Taler hatte der aus bescheidenen Verhältnissen stammende Leipziger Kauf- und Handelsherr Maximilian Speck das unter den Hammer gekommene Rittergut samt Brauhaus bei einer Zwangsversteigerung erworben. Als international erfahrener Experte für Schafzucht und Wolle war er zu der Zeit schon eine bekannte und geachtete Persönlichkeit und hatte erst wenige Jahre zuvor für seine Wollhandlung ein stattliches Hausgrundstück erworben, das noch heute als Specks Hof die Leipziger Innenstadt prägt.

Maximilian Speck schickte sich an, aus seinem Gut Lützschena eine Musterwirtschaft zu machen. Dank seiner Tatkraft und Kompetenz blühte das kleine Dorf in kurzer Zeit regelrecht auf. Die neu erbaute Brauerei lieferte ihr Bier bis nach Schweden. Die Ziegelei hatte größte Mühe, mit den Bestellungen hinterher zu kommen. Und mit sächsischer Schafwolle waren sogar in England großartige Geschäfte zu machen.

Dazu brachte Maximilian Speck zuerst die Landwirtschaft in Gang. Er schaffte die Frondienste ab, baute Wege und Dämme gegen Überschwemmungen und begann mit Tieren aus dem Kanton Bern eine Rinderzucht. Er betrieb eine effektive Schafzucht und pflanzte gute Obstsorten an. Für seine Brauerei ließ er vorzüglichen Hopfen anbauen. An 37 000 Stangen wuchsen über 100 000 Hopfenpflanzen. Zu Werbezwecken gab er davon auch der Regierung in Dresden unentgeltlich ab.

In der Schlosskirche zeigt heute noch ein Abendmahlkelch seine Verbundenheit mit den Lützschenaern. „Zum Andenken meiner lieben Gemeinde in Lützschena von ihrem Freunde und Kirchenpatron. Maximilian Speck am 31. März 1822“, so lautet die Inschrift. Er soll ein strenger, aber gerechter Patron gewesen sein. Für seine Landarbeiter ließ er Familienhäuser errichten. Ihm sind die Schule und eine der ersten „Kinderbewahranstalten“ Sachsens zu verdanken. Er kümmerte sich auch um die Weiterbildung der Jugend, für die er eine landwirtschaftliche Schule gründete.

1825 lud ihn Zar Alexander I. zu einem Vortrag nach St. Petersburg und einer Reise durch Südrussland ein – und machte ihn zum Ritter des Kaiserlich Russischen St.-Wladimir-Ordens. Auf Einladung von König Ludwig I. begab er sich 1829 nach Bayern. Dort erhielt er den Auftrag, ein Mustergut für die Schafzucht aufzubauen. Die vorbildliche Erledigung dieser Aufgabe brachte ihm die Versetzung in den Freiherrenstand. Er durfte sich somit Ritter von Speck, Freiherr von Sternburg nennen. Maximilian Speck war eine europaweit bekannte Persönlichkeit und Mitglied der meisten in- und ausländischen Gesellschaften und Akademien für Kunst und Wissenschaft, Gewerbe und Ackerbau. Insgesamt sollen es 78 gewesen sein.

Nach den Ideen der französischen Aufklärung und dem Vorbild englischer Gartenarchitektur richtete er in der Elsteraue einen über 100 Morgen großen Schlosspark ein, ein fast von allen Seiten mit Wasser umgebenes Gesamtkunstwerk mit Kleinarchitektur, Statuen und Denkmalen und später auch der kunstvoll hergerichteten Familiengrabstätte.

An der Straße, die heute noch Am Bildersaal heißt, hatte Maximilian Speck, der auch ein großer Kunstsammler und Mäzen war, eine Galerie bauen lassen. Seine wertvolle Gemäldesammlung umfasste über 300 Bilder, darunter Werke von Rubens, Hans Holbein d. Ä., Rogier van der Weyden und Caspar David Friedrich. Sie galt als eine der ältesten und bedeutendsten Privatgalerien Deutschlands, und in seinem Testament legte er fest, dass sie nach seinem Tod komplett erhalten und der Öffentlichkeit zugänglich bleiben soll. Als Maximilian Speck im Jahre 1856 starb, blieb sein Werk in den Händen seiner Familie die sich seinem Vermächtnis verpflichtet fühlte. Majoratsherren auf Lützschena wurden nach ihm sein jüngster Sohn Alexander Maximilian, dann dessen Sohn James Alexander und schließlich dessen Sohn Gustav Harry, der 1940 starb. Im Herbst 1945 wurde mit der Bodenreform der landwirtschaftliche Besitz der Familie sowie der Schlosspark enteignet, und die Gutsherrin floh nach Göttingen. Damit schienen die Beziehungen zwischen der Familie Speck von Sternburg und Lützschena für immer beendet.

Nach der Wende wurde in Lützschena eine Bürgerinitiative aus couragierten und weitsichtigen Persönlichkeiten aktiv. Sie nahmen die Geschicke des Ortes in die Hand. Ihre Ziele waren die Erhaltung eines attraktiven Wohnstandorts mit dörflichem Charakter und die Bewahrung seiner natürlichen und historischen Substanz, besonders die Erhaltung der Natur und der Aulandschaft. 1994 schloss sich Lützschena mit seinem Nachbarort Stahmeln zur Gemeinde Lützschena-Stahmeln zusammen, und fünf Jahre später wurde die Gemeinde größter Ortsteil von Leipzig. Gewerbepark, Güterverkehrszentrum und Porschewerk sorgen heute für Arbeitsplätze und wirtschaftliche Attraktivität. Neue Wohngebiete sowie sanierte Gartenstadtsiedlungen und Jugendstilvillen machen den Charme des immer beliebter werdenden Wohnstandorts aus. Spürbar bittere Wermutstropfen sind freilich Schulschließungen und besonders die Stilllegung der Brauerei, die einst der größte Arbeitsgeber vor Ort war.

Das vermeintliche Ende der Beziehungen zwischen der Familie Speck von Sternburg und Lützschena hat sich indes nur als nicht einmal 50-jährige Zwangspause erwiesen. Der Ur-Ur-Enkel des legendären Maximilian, Wolf-Dietrich Freiherr Speck von Sternburg, ist seit der Wende unentbehrlicher Ratgeber, Förderer und verlässlicher Helfer geworden.

Ihm gelang es, eine Partnerschaft mit einer bayrischen Gemeinde auf den Weg zu bringen, die für Lützschena von Anfang an einen unbezahlbaren Schatz an Verwaltungserfahrungen gebracht hat. Wolf-Dietrich Speck war es auch, der 1996 für seine Familie den Schlosspark erwarb – unter der Zusicherung, dass der Park für die Öffentlichkeit zugänglich bleibt und die Kommune die öffentlichen Wege und Flächen erhält und pflegt. Im selben Jahr sicherte die Maximilian Speck von Sternburg Stiftung, deren Präsident und Verwalter Wolf-Dietrich Speck ist, den Verbleib der 1945 enteigneten Gemälde-, Grafik- und Büchersammlung im Museum der Bildenden Künste Leipzig und schloss einen Dauerleihvertrag. Inzwischen gelang es ihm auch, aus den Reihen der weit verzweigten Familie einen neuen Eigentümer für das Schloss zu finden, das nach Jahrzehnte langer Zweckentfremdung seine ursprüngliche Gestalt zurückerhalten soll. Hier wie im angrenzenden Marstall finden auch öffentliche Veranstaltungen wie Kunstausstellungen, Konzerte und Vorträge statt.

Für sein Engagement für die Heimat seiner Familie wurde Wolf-Dietrich Freiherr Speck von Sternburg im Frühjahr 1999 vom damaligen Ministerpräsidenten Dr. Biedenkopf mit dem Verdienstordern des Freistaates Sachsen geehrt. Und anlässlich seines 70. Geburtstages verlieh ihm der damalige Oberbürgermeister Wolfgang Tiefensee im Februar 2005 während eines Festakts im Leipziger Rathaus die Ehrenmedaille der Stadt Leipzig.

Erbitterte Kämpfe an der Mulde und Vermächtnis einer grossen Schlacht

Der Herbst 1813 war für Leipzig eine besonders schlimme Zeit. In der Stadt, in der damals etwa 35000 Stadtbürger und zugezogene Fremde lebten, war an jenen Oktobertagen für die Jahreszeit ungewöhnlich schlechtes Wetter. Es gab anhaltende, kräftige Regenfälle, die nur kurz von Nieselregen unterbrochen wurden. Dazu war es bitter kalt. Und wenn die Regengüsse gelegentlich für kurze Zeit aufhörten, dann zerstörte der düstere Himmel mit seinen tiefliegenden Wolken die Hoffnung auf Besserung, und es kam starker Wind auf.

Auch die Nacht zum 16. Oktober war nass und kalt. Einfach trostlos. Der kalte Westwind ließ im Umland die Feuer qualmen, um die sich frierende Menschen drängten. Viele Feuer wurden vom unablässig fallenden Regen gelöscht. Alles war feuchtklamm und der Boden schlammig. Fast 400000 Menschen aus ganz Europa hatte der Krieg in das Gebiet um Leipzig geführt, Österreicher, Russen, Preußen, Schweden, Engländer - Franzosen, Sachsen, Polen, Kroaten und viele andere. Die Soldaten kamen nicht mehr aus ihren nassen und verdreckten Uniformen. Sie konnten gar nicht so schnell zittern wie sie froren. Wie sehr sehnten sie sich da nach einem Feuer, an dem sie sich wenigstens kurz aufwärmen und die Kleidung etwas trocknen konnten. Und sie ahnten nicht, dass ihnen in diesem Herbstfeldzug das Schlimmste noch bevorstand: die erste Massenschlacht der Weltgeschichte.

Am Morgen des 16. Oktober, es war ein Samstag, goss es erneut wie aus Eimern. An den drei Leipziger Fronten konnte Napoleon mit reichlich 191 000 Mann und 690 Geschützen rechnen, und bei den Verbündeten, die 918 Geschütze hatten, standen 206 000 Mann kampfbereit unter Gewehr. Da Napoleon den Schwerpunkt der Kämpfe an der Südfront erwartete, hatte er hier 140 000 Soldaten und 488 Geschütze postiert, und die Verbündeten konzentrierten hier die Hälfte ihres Potenzials. Damit waren die Franzosen zahlenmäßig überlegen. Die für die Kämpfe wichtigste Bodenerhebung im Süden zog sich von Liebertwolkwitz über Wachau bis nach Markkleeberg hin. Somit hatten die Pleißeübergänge bei Connewitz, Dölitz und Markkleeberg strategische Bedeutung.

In Markkleeberg hatten viele Einwohner aus Furcht vor den bevorstehenden Kämpfen bereits Tage zuvor das Dorf verlassen. Die im Ort verbliebenen Männer waren gezwungen worden, die Mühlbrücke am südlichen Dorfende und die Brücke zwischen Schulhaus und Schloss im Norden abzubrechen. In der Nacht zum 16. Oktober besetzten polnische Infanteristen im Dienste Napoleons das vor der Brückenstelle gelegene Schulgelände. Damit sich der Gegner nicht am linken Pleiße-Ufer festsetzen konnte, bekamen die Österreicher am Morgen den Befehl, das Schloss zu besetzen, was auch kampflos gelang. Der Kommandeur verließ es bald und überließ die Mannschaft sich selbst.

Daraufhin überschritten die Österreicher die Pleiße und lieferten sich am Schulhaus ein Handgemenge mit den Polen. Weil Poniatowski hier einen verhängnisvollen Flankenangriff der Verbündeten befürchtete, gab er den Befehl, diese Stellung mit allen Mitteln zurückzugewinnen. Er konnte nicht ahnen, dass der Gegner zahlenmäßig unterlegen war. Die Verteidiger um die Oberleutnants Hofmann und Weißvogel sahen sich plötzlich einem vielfach überlegenen Gegner gegenüber. Trotz tapferen Kampfes konnten sie die Stellung an der Schule nicht halten und zogen sich in Richtung Schloss zurück. Den schnell errichteten Notsteg konnten sie nicht mehr zerstören, und so folgte ihnen der Gegner über die Pleiße. Nun wurde erbittert zwischen Brückenstelle und Torhaus gekämpft. Gegen Mittag

waren alle österreichischen Offiziere verletzt. Unter den Schwerverletzten befanden sich auch Hofmann und Weißvogel. Der größte Teil der Mannschaft war tot. Die Franzosen stellten die Angriffe ein, weil sie erkannt hatten, dass von österreichischer Seite keine Gefahr mehr ausging.

All das hautnah miterlebt hat der Markkleeberger Lehrer David Schumann – und für die Nachwelt aufgeschrieben. Er hatte die Polen kommen sehen und bevor die Kämpfe näher rückten und das Haus zu brennen anfing die Schulkinder gerade noch rechtzeitig wegschicken können.

Als schließlich die Nacht hereinbrach, loderten ringsum die brennenden Dörfer. Die große Schlacht im Süden hatte keiner Seite den Sieg gebracht. Entgegen Napoleons Plänen fand die entscheidende Schlacht dann erst zwei Tage später im Norden statt. Mit der Niederlage der französischen Armee läutete sie das endgültige Ende der napoleonischen Herrschaft in Deutschland ein. Ein bitterer Sieg, den viele Tausend Menschen mit dem Leben bezahlten: Bei den Kämpfen um Leipzig werden die Verluste mit insgesamt mehr als 130.000 Mann angegeben.

Wer das Völkerschlachtdenkmal gesehen hat, der sollte sich auch ein authentisches Bild vom Schlachtgeschehen in Markkleeberg machen. Das historische Ensemble von Torhaus, Schloss und Auenkirche ist in Markkleeberg-Ost nicht nur als Denkmal erhalten und sorgsam saniert, sondern Teil einer vielseitigen Erinnerungskultur. Dazu gehört, dass im Torhaus das Original von Lehrer Schumanns Aufzeichnungen verwahrt wird und im Durchgang des Torhauses eine Tafel angebracht ist: „Zur Erinnerung an die Kämpfe um das Schloss Markkleeberg zwischen dem österreichischen Kaunitz-Inf. Regiment Nr. 20 und der französischen Halbbrigade Aymard am

16. Oktober 1813.“ Dass das nicht nur Worte sind, dafür sorgt schon der 1996 gegründete Verein „Historisches Torhaus zu Markkleeberg 1813“, der hier ein kleines, unter die Haut gehendes Museum eingerichtet hat, das weit über die Markkleeberger Kämpfe der Völkerschlacht hinausreicht. Es wird ebenso die Stadtgeschichte dokumentiert und in eine Heimatstube eingeladen. In den unteren Räumen, die man auch für private Feierlichkeiten mieten kann, finden ganz unterschiedliche Veranstaltungen statt. Als Vermächtnis aus der Völkerschlacht setzen die Vereinsmitglieder auf Annäherung und Verständigung, beispielsweise beim jährlichen Biwak im Oktober oder beim internationalen Musiksommer.

Möglich ist das alles freilich nur, weil die Familie des 1945 mit der Bodenreform enteigneten Besitzers Torhaus und Schloss nach der Wende zurückgekauft hat. Das Schloss war vorher als Kinderkrankenhaus und Alten- und Pflegeheim genutzt worden und das Torhaus befand sich im Besitz der LPG „18. Oktober“. Beide Gebäude waren in einem schlechten Zustand und mussten aufwändig saniert werden.

Doch diese Mühe hat sich gelohnt. Auch das stattliche Schloss steht der Öffentlichkeit wieder offen. Es beherbergt gleich vier Dioramen, von denen sich das größte auf 20 Quadratmetern der Schlacht bei Wachau vom 18. Oktober 1813 widmet. Der Schlosshof ist stimmungsvolle Kulisse für den kleinen, aber feinen Weihnachtsmarkt und die Auenkirche traditioneller Treffpunkt für die Nachtwächterführung durch Markkleeberger Geschichte und „Nachtwächterei“. Auf besondere Weise eindrucksvoll ist die Hoch-Zeit der Rhododendronblüte. Dann nämlich verwandelt sich der schöne Park in ein wahres Mekka für Gartenliebhaber und Pflanzenfreunde …

Europas grösster „Steingarten“ und ein Dorf aus „geschrotetem“ Holz

Es sind vor allem die schönen, alten Städte und Dörfer, die ihren Reiz und hohen Bekanntheitsgrad ausmachen, ihre Parks und die malerische Landschaft. Doch durch den geplanten Ausstieg aus dem Braunkohleabbau ist die Oberlausitz in den letzten Jahren auch politisch ins Zentrum der Aufmerksamkeit gerückt. Damit haben Sorge um die Umwelt, Sicherstellung der Energieversorgung, Verlust von Heimat und Arbeitsplatz einen gesellschaftlich wie persönlich sehr akuten, brisanten Stellenwert bekommen.

Während in absehbarer Zeit das Kapitel Braunkohle zu Ende geht – gegenwärtig sind in Sachsen nur im Landkreis Görlitz noch zwei Tagebaue aktiv, Nochten und Reichwalde – hoffen die Menschen vor Ort auf den Strukturwandel. Und sie freuen sich mit treuen und neuen Besuchern auf eine riesige Wasserlandschaft. Dies freilich nicht völlig ohne neue Bedenken … Wie die Erinnerung an die Vergangenheit eindrucksvoll wachgehalten werden kann, zeigen der Findlingspark Nochten und der Erlichthof, zwei Orte gar nicht weit voneinander entfernt.

Wo vor gut 30 Jahren noch Kiefernwälder standen, lädt heute ein Findlingspark, „Europas größter SteinGarten“, zum Besuch ein. Damals mussten 37 Nochtener Häuser dem Tagebau weichen, der zehn Jahre später ein 60 Meter tiefes Loch hinterließ. Die beim Braunkohleabbau zutage geförderten Findlinge sind in ihrer Zahl und Vielfalt einzigartig in Mitteleuropa. Mit der Eiszeit, als sich gewaltige

Eismassen von Norden über das Land geschoben, ganze Gebirgsteile niedergewalzt und zu Kies, Sand und Ton zermahlen haben, sind die Gesteinsbrocken aus Skandinavien in die Gegend gekommen. Denn was dieser Wucht widerstehen konnte, ist mitgerissen worden, vieles davon bis in die flache Lausitz, wo es liegen blieb – und erst in unserer Zeit von den Bergleuten in den Tagebauen entdeckt und geborgen wurde. Mit ihren bis zu 50 Tonnen Gewicht sind die Findlinge für den Bergbau freilich vor allem ein Ärgernis. Schließlich können sie an den Großgeräten enorme Schäden anrichten und auch ihr Transport ist sehr aufwändig.

Da hatte ein Mann eine großartige Idee, wie man das Angenehme mit dem Nützlichen verbinden könnte. Ihm schwebte vor, die Findlinge bei der Rekultivierung landschaftsgestalterisch einzusetzen, und zwar so, dass naturnahe Gartenräume entstehen, die sich harmonisch in die den Park umgebende rekultivierte Landschaft einfügen. Damit würden die Zeugen der Eiszeit an Ort und Stelle bewahrt und dem Bergbau wäre gleichzeitig ein bleibendes Denkmal gesetzt.

Diese Idee fand Verbündete und wurde Wirklichkeit. Zunächst wuchs eine aus der Phantasie geborene Berglandschaft, dann begannen die Steinsetzarbeiten. In nur drei Jahren ist ein 20 Hektar großer Landschaftsgarten entstanden, dessen Hauptdarsteller rund 7.000 Findlinge sind. Der größte von ihnen ist ein Granatgneis und wiegt 40 Tonnen. Er steht am Beginn eines drei Kilometer langen Rundwegs.

Die enorme Fülle sorgfältig ausgewählter Pflanzen und ein idyllisch angelegter kleiner See mit einer Rhododendren-Halbinsel machen den gewaltigen Gesteinsbrocken allerdings den Rang als Hauptdarsteller immer wieder streitig. Und selbst leidenschaftliche Hobby-Gärtner staunen, wie unterschiedlich beispielsweise Heide sein kann. Doch auch der Lavendelbereich, die Alpenveilchen, Kakteen, Pechnelken und Wildrosen, Hauswurz, Polsterphlox, Salbei und Thymian wollen bewundert sein.

Ein besonderes Erlebnis ist ein Abstecher nach Skandinavien, für den man in Nochten nur eine gute halbe Stunde braucht. An einem schönen Hang des Parks ist dieser Teil Europas in seinen Umrissen maßstabgetreu abgebildet. Die Millionen Jahre alten Steine liegen dabei genau an den Orten, woher sie ursprünglich stammen. Etwa 90 verschiedene Findlinge bilden so einen geologischen Lehrpfad durch Klein-Skandinavien. Da sind es von Malmö, vorbei an Basalt aus Schonen, nur ein paar Schritte bis Stockholm mit seinem Stockholm-Granit. Und von da geht die Wanderung vorbei an einem schönen Uppsala-Granit nach Oslo und von dort zum Nordkap. Von hier aus können Sie Ihren Blick frei schweifen lassen, über ganz Norwegen, Schweden, Finnland und Dänemark – und weiter über die große Narzissenwiese bis zum Heide-, Stein- und

Teichgarten und hinüber zum Naturheideblick. Der Park ist von Mitte März bis Anfang November geöffnet und immer aufs Neue schön. Ständig ändern sich die Bilder und alle paar Wochen mutet der Park durch neue Farben ganz anders an.

Nur gut 15 Kilometer sind es von hier nach Rietschen. Die kleine Siedlung am Rande des Ortes wirkt auf den ersten Blick wie ein typisches Heidedorf des 19. Jahrhunderts, so als hätte sie schon immer hier gestanden. Doch die Geburtsstunde für den Erlichthof hat erst 1990 geschlagen. Zunächst wurden aus dem Tagebauvorfeld das Museumsgehöft und die Gaststätte Forsthaus mit ihrem schönen Giebelumgebinde umgesetzt. Später kamen historische Schrotholzhäuser dazu. Beim Natur- und Fischerfest

1997 wurde die Siedlung schließlich offiziell eröffnet. Es folgten weitere denkmalgeschützte Häuser. Insgesamt wurden über 20 Gebäude umgesetzt. Die zum Teil über 300 Jahre alten, denkmalgeschützten Häuser haben also alle ursprünglich ganz woanders gestanden. Sie sind dort behutsam abgetragen und hier originalgetreu wiederaufgebaut worden. In der Mehrzahl stammen sie aus Dörfern, die der Braunkohle weichen mussten, und wurden so für die Nachwelt gerettet.

Wahrscheinlich erkennt nur der Fachmann auf den ersten Blick, dass die Häuser aus Schrotholz bestehen. Die für den Bau vorgesehenen Kiefernstämme wurden drei bis vier Jahre vor dem Fällen im Wald ausgewählt und unterhalb der Baumkrone „geringelt". Das heißt, die Rinde wurde spiralförmig abgetrennt. Dadurch sammelte sich das Harz im Holz und konservierte es auf natürliche Art. Waren die Stämme gefällt, wurden sie „geschrotet" – mit einem Breitbeil kantig gehauen. Beim Hausbau legte man die bis zu zwölf Meter langen Balken aufeinander und dichtete sie innen mit einer Schicht aus Farn, Moos und Filz ab.

Beim kleinen, freistehenden Backhaus und an einigen Stallgebäuden sollten Sie sich die Mauern genauer ansehen. Ihre blauen bis grünlilafarbenen Steine sind Schlackesteine und damit Relikte der einstigen Eisenverhüttung. Bereits wenige Zentimeter unter dem Erdboden hat man früher in der Lausitz nämlich Brauneisenstein, das sogenannte Raseneisenerz, gefunden.

Der Erlichthof ist ein lebendiges, ganzjährig geöffnetes Museumsdorf. Also Natur und Kultur, Handwerk und Handel, Schlemmen und Schlafen, Aus-Zeit statt keine Zeit, Geschichte und Geschichten. Und so stellen Besucher beim Rundgang schnell fest, dass die Holzhäuser eine ungewöhnliche und schöne, aber keineswegs leere Hülle sind. Sie haben ein überraschend vielfältiges Innenleben. Da finden sich zum Beispiel Keramikscheune und Nähstübchen, Steinofenbäckerei und Schokolädchen, Scheunencafé und Gaststätte mit Pension, außerdem in verschiedenen Schrotholzhäusern auch Übernachtungsmöglichkeiten. Kurzum: ein einzigartiges architektonisches Ensemble mit ursprünglichem Handwerk, der Möglichkeit zu schauen und zu kaufen, urig einzukehren und auch länger zu bleiben. Es gibt Angebote zum Korbflechten, Eierbemalen und Kerzenziehen, zum Töpfern, Filzen und Spinnen, ja man kann sogar mit Alpakas auf Tuchfühlung gehen. Dann wäre da noch der vielfältige Veranstaltungskalender …

Weil die Lausitz längst auch Wolfsland ist, kann man sich auch näher mit Isegrim beschäftigen. In der Wolfsscheune wird mit einer Ausstellung, Filmen und Informationsmaterial viel getan, um sachliches Wissen über den Zuwanderer zu vermitteln, unbegründete Ängste abzubauen und zu erklären, wie man sich bei einer eher unwahrscheinlichen Begegnung mit dem Tier verhalten sollte. Neben Kinderveranstaltungen und Vorträgen bietet die Umweltbildungsstelle Wolf auch Exkursionen an. Und wenn Sie vor Ort ein Fahrrad ausleihen, können Sie sich auf dem gut 40 Kilometer langen Wolfsradweg auch ein Bild vom Lebensraum des sehr vorsichtigen Wildtieres machen. Wer einfach Lust auf einen kleinen Spaziergang hat, könnte den gelb markierten Rundwanderweg um den Oberteich gehen – und als Souvenir vielleicht ein Fläschchen „Wolfsheuler“ mitnehmen, den guten Oberlausitzer Johannisbeerlikör.

Bergmann und Poet dazu

Aus der einst vom Braunkohlentagebau geschundenen Landschaft südlich von Leipzig ist ein Seenland entstanden, das mit jedem Jahr schöner wird und aus dem Leben einer ständig steigenden Zahl Natur- und Sportbegeisterter nicht mehr wegzudenken ist. Was allerdings kaum jemand weiß: Zu dieser Entwicklung hat ausgerechnet ein frühromantischer Dichter und Denker einen beachtlichen Beitrag geleistet, und der hatte seinen Lebensmittelpunkt auch noch ganz in der Nähe.

Versetzen wir uns dazu in die Geschichte zurück. Es war im Mai/Juni 1800, als in dieser Gegend zwei junge Männer in wissenschaftlicher Mission unterwegs waren. Zu Fuß. Die beiden bewegten sich aus Richtung Borna auf Leipzig zu und passierten dabei Zwenkau, Connewitz, Groß- und Kleinzschocher. Ihr Auftrag bestand darin, die wirtschaftlich verwertbaren Bodenschätze zu erkunden, darunter auch die Braunkohle. Und das in einem Gebiet, das gar nicht so klein war - begrenzt durch Gera im Süden, Zeitz und Pegau im Westen, Leipzig im Norden und Lobstädt im Osten. Ihr Auftraggeber war Abraham Gottlob Werner, Professor an der Freiberger Bergakademie und Mitglied des Freiberges Oberbergamtes.

Einer der beiden jungen Männer war der Student der Bergakademie Friedrich Traugott Michael Haupt. Der Name seines prominenten Begleiters lässt wohl weltweit die Herzen von Literaturfreunden höher schlagen. NOVALIS (der Neuland Bestellende) ist das Pseudonym, unter dem der Poet und scharfsinnige Denker vor allem mit dem Symbol der Blauen Blume in die Literaturgeschichte eingegangen ist. Eine Persönlichkeit, von der Schüler in der DDR so gut wie nichts wussten und dessen Wohn-

und Sterbehaus im knapp 40 Kilometer entfernten Weißenfels noch heute mehr Zuspruch aus dem Ausland als aus Deutschland findet.

Der 1772 Geborene hieß eigentlich Friedrich von Hardenberg. Mit seinen Eltern war er 1785 nach Weißenfels gekommen, wo sein Vater zum Direktor der kursächsischen Salinen Dürrenberg, Kösen und Artern ernannt worden war. Leipzig hatte der junge Hardenberg kennen gelernt, als er an der berühmten Universität Jurisprudenz, Mathematik und Philosophie studierte. Aber nicht deswegen hatte ihn Werner angeschrieben und gefragt, ob er sich am Erkundungsprojekt beteiligen wolle. Dem Professor war die Oberleitung einer Lagerstättenerkundung Kursachsens übertragen worden. Für diese Arbeit hatte er nicht nur seine Studenten eingesetzt. Er wollte auch tüchtige Absolventen der Bergakademie einbeziehen.

Dazu zählte er Friedrich von Hardenberg. Dieser hatte an der damals schon weithin bekannten Bergakademie studiert, um sich für seine Tätigkeit als Salinenassessor auf dem Gebiet der Geologie und Bergwissenschaft zu qualifizieren. Gewissermaßen nach Freiberg getrieben hatte ihn die Verzweiflung über den Tod seiner erst 15-jährigen Verlobten. Der schwere Schicksalsschlag hat auch sein literarisches Schaffen nachhaltig geprägt. Dennoch tat Hardenberg seine Zeit in Freiberg gut, denn in Werner hatte er einen faszinierenden Lehrmeister gefunden und im Hause des Hochschullehrers und Berghauptmanns Charpentier war er freundlich aufgenommen worden. Dessen jüngste Tochter Julie war dem damals schon kranken Schöpfer der „Hymnen an die Nacht" als schützende Begleiterin seines Lebens erschienen, und so hatte er sich ein Jahr später ein zweites Mal verlobt.

Im Mai 1799 beendete er seine Freiberger Studien und kehrte nach Weißenfels zurück, wo ihn auch der Ruf Werners zur Mitarbeit zum Erkundungsprojekt erreichte. Hardenberg bekam ein präzise abgegrenztes Kartierungsgebiet und genaue Instruktionen, wie die Kartierungsberichte anzufertigen waren.

Friedrich von Hardenberg und der Student Haupt machten sich also auf den Weg durch ihr Kartierungsgebiet. Zum Teil gemeinsam, teils jeder für sich. Weil Hardenberg bereits am 25. März 1801 verstarb, musste Haupt den Abschlussbericht beim Oberbergamt allein einreichen.

Übrigens waren die Wirren der Zeit und Werners Tod Schuld daran, dass das Projekt nicht mit der Vorlage eines Kartenwerkes endete. Die Ergebnisse blieben jedoch nicht ungenutzt. Sie flossen in die „geognostische Spezialkarte des Königreichs Sachsen" ein, die die Geologen Naumann und von Cotta von 1836 bis 1846 im Maßstab 1:120 000 in zwölf Einzelblättern herausgaben. Die dazu von Hardenberg erbrachte Leistung wird nach dem heutigen Wissensstand der Geologie als „meist zutreffend" eingeschätzt. So gesehen, hat der Weißenfelser Poet und Bergmann einen Beitrag zum späteren Braunkohlenabbau geleistet – und damit zumindest indirekt Anteil am schönen Leipziger Neuseenland.

Wer mehr über Novalis wissen möchte: Im Wohn- und Sterbehaus von Novalis in der Weißenfelser Klosterstraße gibt es eine kleine, interessante Ausstellung. Hier zeigt ein Verein, der Literaturkreis NOVALIS, den bedeutendsten deutschen Frühromantiker nicht nur als Dichter und Philosophen, sondern auch als fähigen Bergmann.

Wo ein später viel beachteter Philosoph als Junge die Gänse hütete

In einem kleinen Dorf in der westlichen Oberlausitz erblickte er 1762 als erstes von acht Kindern einer armen Bandweberfamilie das Licht der Welt und sollte doch der berühmteste Sohn des Ortes werden: Johann Gottlieb Fichte. Der Junge hütete an den Rammenauer Teichen die Gänse, wenn er nicht gerade seinen Eltern beim Weben helfen musste. Das nahe Schloss Rammenau mit seinem schönen Park war für ihn ohnehin tabu. Es wäre ihm nicht einmal im Traum eingefallen, dass man dort später sogar ein Museum für ihn einrichten würde.

Doch der Zufall meinte es gut mit ihm. Bei einem Besuch in Rammenau wurde der Freiherr Ernst Haubold von Miltitz im Gartensaal Zeuge, wie der kleine Johann Gottlieb, den man ins Schloss gebeten hatte, die Sonntagspredigt des Dorfpfarrers originalgetreu wiedergab. Beeindruckt von dessen Intelligenz und rhetorischer Begabung entschloss er sich, den Jungen zu fördern. So ließ er ihn zunächst auf Schloss Siebeneichen und beim Pfarrer von Niederau erziehen, ermöglichte ihm eine Schulausbildung in Meißen und anschließend den Besuch der Fürstenschule Pforta bei Naumburg.

Leider war die Unterstützung nur von kurzer Dauer. Sein Gönner verstarb bald und dessen Familie reduzierte die Zahlungen von Jahr zu Jahr, um sie nach dem ersten Studiensemester in Jena gänzlich einzustellen. War er im Gymnasium durch seine Armut „nur“ benachteiligt, so war er beim Studium der Theologie in Jena und Leipzig gezwungen, sich

„nebenbei“ als Hauslehrer seinen Lebensunterhalt zu verdienen, mit fatalen Folgen für einen geordneten Studienverlauf. Ohne Geld und ohne Abschluss sah er schließlich kaum noch eine Perspektive. 1788 ging er als Hauslehrer nach Zürich. In der Schweiz fühlte er sich freundlich behandelt. Er erholte sich und lernte seine spätere Frau kennen.

Zurück in Leipzig kam er 1790 erstmals mit der Philosophie von Immanuel Kant in Berührung, den er ein Jahr darauf in Königsberg besuchte. Durch seine erste, von Kant unterstützte Veröffentlichung begann Fichtes Aufstieg zum viel beachteten Philosophen und Wissenschaftler. Als Hochschullehrer hatte er es in Jena allerdings nie leicht. Beim akademischen Ränkespiel zog er immer wieder den Kürzeren, bis er schließlich an die Berliner Universität berufen wurde. Als deren erster frei gewählter Rektor hielt er 1813 vor seinen Studenten die berühmt gewordenen „Reden an die deutsche Nation“. Er spielte damit eine wichtige Rolle im Freiheitskampf gegen Napoleon. Um mit gutem Beispiel voranzugehen, nahm der über 50-jährige Professor noch an Übungen des Landsturms teil, auch wenn er dabei nicht mehr zum Einsatz kam. Wie seine Frau, die in den Lazaretten Verwundete pflegte, erkrankte auch er an Typhus. Seine Frau wurde wieder gesund. Er selbst überlebte jedoch die Krankheit nicht und starb am 29. Januar 1814 in Berlin. Das Dorf seiner Kindheit hatte er nur noch einmal – auf der Durchreise – wiedergesehen.

Wer mehr vom Leben und Werk Fichtes erfahren möchte, ist im Schloss absolut an der richtigen Adresse. Längst hat sich aber nicht nur in der Lausitz herumgesprochen, dass das ländliche Barockschloss mit Landschaftspark im englischen Stil eine der schönsten Schlossanlagen Sachsens ist, mit gut gemachten Ausstellungen, erstklassiger Gastronomie und originellen Veranstaltungen. Schon früher brauchte es den Vergleich mit den prunkvollen Bauten in und um Dresden nicht zu scheuen. Eigentlich muss das auch kaum verwundern, denn sein Schöpfer war vermutlich der Dresdner Baumeister Johann Christoph Knöffel, ein Schüler des berühmten Pöppelmann und Lieblingsarchitekt des Grafen Brühl.

Den Auftrag dazu hatte der Architekt von Ernst Ferdinand von Knoch bekommen, einem Kammerherrn bei der Ehefrau Augusts des Starken. Der hatte das Rittergut, dessen Geschichte eng mit der Entwicklung des Anfang des 13. Jahrhunderts erstmals urkundlich erwähnten Dorfes verbunden war, 1717 gekauft - von einer in Konkurs geratenen Familie. Und das Schicksal wollte es, dass der anschließende Schlossbau auch Knoch in den Ruin trieb. Der kur-

Johann Gottlieb Fichtes Wohnhaus in Rammenau

fürstlich-sächsische und königlich-polnische Kammerherr hatte sich nicht nur finanziell übernommen, sondern war auch Opfer eines Bankbetruges geworden. 1744, noch vor der Vollendung der Schlossanlage, die indessen seinen Gläubigern zugefallen und von diesen zwangsversteigert worden war, verließ er Rammenau.

Die Legende aber erzählt noch von einem ganz besonderen Gläubiger. Der Teufel persönlich habe den Knoch geholt, nachdem er ihm beim Bau tatkräftig unter die Arme gegriffen hatte. Als Gegenleistung hatte er sich im Schloss ein Zimmer ausbedungen, das keiner je betreten durfte und aus dem es trotz dicht verriegelter Tür ständig nach Pech und Schwefel gestunken haben soll. Dieses „Teufelszimmer“ gibt es übrigens wirklich. Dass es zeitweise den Besuchern nicht zugänglich war, lag allerdings nicht am Teufel, denn dieser ist nach wie vor zweimal im Jahr zu Gast – zu den Nachtführungen im Schloss. Den Namen erhielt das Zimmer lediglich durch die falsch gedeuteten Bacchanten-Motive der schwarz und rot gestalteten Wandmalerei.

Der Besuch des prächtigen Schlosses macht Lust, auch den Ort kennenzulernen. Rammenau gilt als eines der schönsten Dörfer Sachsens und scheint mit seinen Teichen, der Kirche, Alter Schmiede und Altem Gefängnis gerade einem Bilderbuch entstiegen zu sein. Kein Wunder, dass ein Spaziergang Geschichte zum Anfassen vermittelt und auf Schritt und Tritt den Beweis für die Liebe der Rammenauer zu ihrem Dorf.

Vom Mittelalter zu Stülpner Karl und Krokus-Pracht

Wolkenstein ist eine der kleinsten Bergstädte des Erzgebirges. Es liegt unmittelbar an der Zschopau, allerdings in einer Höhe von durchschnittlich 470 Metern. Während andere Städte im Flusstal, also direkt an der Zschopau, gelegen sind, befindet sich Wolkenstein auf steilem Fels hoch über dem Flusslauf, auf einem 80 Meter hohen Gneisfelsen. Diese exponierte Lage ist schon lange ein Motiv für Maler und Zeichner wie für Fotografen. Im 19. Jahrhundert hat sie der Stadt sogar einen Beinamen eingebracht: „sächsisches Rothenburg". Der ist schmeichelhaft, aber gar nicht so abwegig, wie man zunächst vermuten könnte, denn Wolkenstein hat eine beeindruckende mittelalterliche Stadtanlage und ist auch sonst für manche Überraschung gut.

Auf jeden Fall wird der Charme der Stadt durch ihre malerische Umgebung noch unterstrichen. Umgeben von Felsmassiven und bewaldeten Hängen, ist sie beliebter Ausgangspunkt für schöne Wanderungen in alle Richtungen, zu imposanten Felsen mit schönen Ausblicken und in abwechslungsreiche Täler.

Wer beim direkt an der Zschopau gelegenen Bahnhof seine Übernachtung gebucht hat, wird im originellen Zughotel, dessen Geschichte 1991 begonnen hat, seinen Augen kaum trauen: Hier kann man sogar in einem Originalwaggon der Königlich-Sächsischen Eisenbahn aus dem Jahre 1895 schlafen – oder in einem original erhaltenen Salonwagen des einstigen DDR-Regierungszuges. Noch dazu gibt es von hier einen reizvollen, aber etwas anstrengenden Fußweg vom Zschopautal zu Schloss und Stadt. Wer am Schlossfelsen hinaufgeht, sieht auf etwa halber Höhe den Einstieg in die bei Kletterern beliebte Wolfsschlucht. Unterwegs laden markante Felsgebilde und interessante Informationen zu Verschnaufpausen ein.

Oben angekommen, gibt es viel zu sehen: den gepflegten Kräutergarten am Schloss, Reste der Stadtmauer mit dem Mühltor, die St. Bartholomäuskirche mit barocker Innenausstattung, die Postdistanzsäule von 1730 auf dem Markt, die liebevoll restaurierte Fronfeste beim Schlossteich … Im Schloss, das bis vor wenigen Jahrzehnten noch Wohnungen beherbergte, befinden sich jetzt Museum und historisches Trauzimmer. Die Festsäle mit Holzbalkendecken, Sitznischen und Wandmalereien aus dem 16. Jahrhundert vermitteln einen Eindruck von Wolkenstein als kurfürstlicher Amtssitz und Sommerresidenz der Wettiner. Zurück in die Zeit der Napoleonischen Kriege führt ein uriger Erlebnisgasthof. Draußen kann man den schönen Blick auf Schloss und Landschaft genießen, sich dabei von Marketenderinnen bedienen lassen und drinnen sogar mit lebensgroßen Grenadieren eine Mahlzeit einnehmen. Wem es nicht gruselig genug sein kann, der sollte unbedingt noch die paar Schritte zur ehemaligen Folterkammer mit dem Lochgefängnis gehen – einem abscheulichen, sieben Meter tiefen, fensterlosen Verlies. Eine kleine Ausstellung zur Gerichtsbarkeit im Mittelalter zeigt originale Straf- und Folterwerkzeuge.

Wolkenstein ist wohl eine der ältesten Ansiedlungen im mittleren Erzgebirge, auch wenn sich die Entstehungszeit nicht präzise angeben lässt. Es wurde zwar erst 1293 im Zusammenhang mit dem hier betriebenen Bergbau erstmals beurkundet, doch seine

Geschichte geht wohl bis in die zweite Hälfte des 12. Jahrhunderts zurück. Mit der Burg entwickelte sich, von einer gemeinsamen Mauer umschlossen, auch die städtische Siedlung. Besitzer waren die Herren von Waldenburg, ein mächtiges Herrschaftsgeschlecht im Erzgebirge. Die Wolkensteiner Herren, die als Lehensträger auch der böhmischen Krone verpflichtet waren, prägten hier eigenes Geld, zunächst die mit ihrem Wappen, dem Fingerring mit Stein, versehenen Wolkensteiner Brakteaten, später Prager Groschen. Als Stadt mit eigener Münze wurde Wolkenstein übrigens in einer Urkunde von 1323 benannt.

Als der letzte Waldenburger auf Wolkenstein gestorben war, fiel die Herrschaft an die Wettiner. Die Stadt wurde zum kurfürstlich-sächsischen Amtssitz, und noch vor 1500 begann unter Herzog Georg dem Bärtigen der Umbau der Burg zum Schloss. Der Amtssitz und die reichen Silbervorkommen verliehen Wolkenstein eine beachtliche Bedeutung. Hier hielten sich auch gerne Sachsenherzöge auf, und der jüngste Sohn von Heinrich dem Frommen, der spätere Kurfürst und Landesvater August, ließ Mitte des 16. Jahrhunderts das Wohnschloss im Stil der Renaissance umbauen und erweitern. Er weilte des Öfteren hier, um zu jagen und in den benachbarten heilkräftigen Thermalquellen zu kuren.

Jedoch führten bald Krieg, Pest, Stadtbrände und das Ende des Silberbergbaus zu einem Bedeutungsverlust der Stadt, der nicht mehr aufzuhalten war. So wurde es in der einstigen Bergbaustadt immer ruhiger. Erst in der zweiten Hälfte des 20. Jahrhunderts gab es wieder ein deutliches Aufblühen, als Wolkenstein „staatlich anerkannter Erholungsort“ wurde und die jährliche Gästezahl schnell die Einwohnerzahl um ein Mehrfaches überstieg. Seitdem ist Wolkenstein noch attraktiver geworden. Die Therme im Ortsteil Warmbad, dem ältesten und wärmsten Heilbad Sachsens, hat sich zu einem Gesundheits- und Wellness-Tempel mit einiger Anziehungskraft gemausert.

Haben Sie Lust auf eine Tour mit historischem Ziel und möchten dabei ein weiteres Stück der Wolkensteiner Schweiz kennenlernen? Dann empfiehlt sich die rote Markierung in Richtung Scharfenstein. Mit einem bisschen Glück erwartet Sie dort am Eingang zur Burg, die auf einem Felssporn über der Zschopau liegt, der wohl bekannteste Scharfensteiner, der Stülpner Karl. Natürlich nicht persönlich, sondern ein wortgewandter und kenntnisreicher „Nachfahre“, der ihm auch noch ziemlich ähnlich sehen soll.

Der erzgebirgische Volksheld, über den so viele Geschichten erzählt werden, wurde 1762 im Scharfensteiner „Gänsewinkel“ direkt am Burgberg geboren, als achtes Kind eines Müllerknechtes. Die schlimme Hungersnot raffte auch seinen Vater dahin, weswegen Karl zu einem Ehrenfriedersdorfer Verwandten gegeben wurde, einem Förster. Mit zwölf Jahren schoss er dort seinen ersten Rehbock und auch als er später zur Mutter zurückkehrte, ließ ihn die Leidenschaft zu Wald, Wild und Jägerei nicht los. – Doch fragen Sie am besten seinen „Nachfahren“. Er wird Ihnen sicher gern von seinem Leben und seinen vielen Abenteuern erzählen, bei denen er stets auf die Zuneigung, Verschwiegenheit und heimliche Hilfe seiner Landsleute zählen konnte. Bei so viel Sympathie wären den Erzgebirglern bloße Gedenktafeln für den Mann, der schon zu Lebzeiten zur Legende geworden war, einfach zu wenig. Die Scharfensteiner jedenfalls haben ihrem Stülpner Karl, der fast 79-jährig, verarmt und erblindet in seinem Geburtsort gestorben ist und in Großolbersdorf begraben liegt, auf der Burg eine Gedenkstätte eingerichtet.

Sollte Sie Ihr Weg im zeitigen Frühjahr nach Wolkenstein führen, so lohnt ein Abstecher ins nahe Drebach. Hier lockt ein seltenes Naturphänomen. Die Gärten im Dorf und die Wiesen um den Ort herum sehen aus, als hätte man auf ihnen große, feingemusterte blauviolette Teppiche ausgelegt. Was da auf einer Fläche von mehreren Hektar blüht, ist ein ganz besonderer Krokus, der *Crocus vernus forma Drebachiensis*. So haben ihn die Botaniker getauft. Dieses ungewöhnliche Naturdenkmal haben die Drebacher vermutlich ihrem David Rebentrost zu verdanken. Der im 17. Jahrhundert hier lebende Pfarrer, Arzt und Naturforscher hatte im Pfarrgarten die ersten Krokusse gepflanzt. Im Laufe der Jahrhunderte hat sich diese wildwachsende Art stark verbreitet und im Vergleich zum sonst üblichen Gartenkrokus als Lokalform typische neue Merkmale herausgebildet. Natürlich sollte man sich diesen regionalen Schönheiten mit dem gebotenen Respekt nähern, also die Wiesen nicht betreten und keine Blüten pflücken. Fotografieren aber ist erlaubt!

König Ottokar, Sechsstädtebund und eine malerische Blumenuhr

Mit ihren rund 25 000 Einwohnern ist Zittau, das Sorbisch „Zitawa“ heißt, keine große Stadt, aber immerhin die zweitgrößte im Landkreis Görlitz. Auf jeden Fall ist sie unglaublich interessant.

Da ist nicht nur ihre exponierte geographische Lage im Südosten der Oberlausitz, im deutsch-polnisch-tschechischen Dreiländereck. Im Norden und Westen erheben sich die Kuppen des Lausitzer Berglandes bis auf eine Höhe von 500 Metern. Im Südosten ragt auf tschechischem Gebiet der 1012 Meter hohe Jeschken auf. Östlich schließt sich das Isergebirge an, dessen höchster Berg immerhin 1124 Meter misst. Und im Südwesten und Süden liegt ein winzig kleines Gebirge, das von der Stadt sogar seinen Namen hat, das Zittauer Gebirge. Es erstreckt sich über nur 48 Quadratkilometer, seine Gipfel aber erreichen fast die 800-Meter-Marke. Wie das Elbsandsteingebirge ist auch das Zittauer Gebirge ein Sandsteingebirge. Allerdings ist der kreidezeitliche Sandstein hier durch seinen vulkanischen Ursprung besonders widerstandsfähig. Von Bergen regelrecht umringt zu sein, ist natürlich auch mit klimatischen Besonderheiten verbunden.

Vor allem aber hat Zittau einen besonderen Platz in der Geschichte. Das ursprünglich slawisch besiedelte Gebiet kam 1158 als deutsches Reichslehen an den König von Böhmen und blieb fast ein halbes Jahrtausend mit der böhmischen Krone verbunden. Das Gründungsjahr der Stadt ist jedoch unbekannt. Man weiß nur, dass sie 1238 erstmals urkundlich erwähnt wurde, als *Sitavia*, und sich ihr Name vermutlich vom Obersorbischen *sito* (Korn, Getreide) ableitet, also etwa *Land, wo Getreide wächst* bedeuten könnte. Verbrieft ist auf jeden Fall, dass der böhmische König Ottokar II. im Jahr 1255 die Fläche von drei Dörfern umritt und damit die Größe der Stadt festlegte. Diese entsprach etwa dem heute vom Grünen Ring umschlossenen Stadtgebiet. Mit dem Pflug soll eine Spur gezogen worden sein, auf der die Stadtmauer gebaut wurde. Für damalige Verhältnisse erhielt Zittau damit eine ansehnliche Größe – und von König Ottokar wichtige Privilegien, zum Beispiel das Markt- und Münzrecht, die Gerichtsbarkeit sowie Zollfreiheit in Böhmen.

Im Jahr 1346 trat Zittau dem Oberlausitzer Sechsstädtebund bei, der sich gegen den räuberischen Landadel richtete. Ziel des Zusammenschlusses war es, fortan gemeinsam Recht zu sprechen und die Handelswege vor Übergriffen zu schützen. Die Entwicklung wurde von den Ratsherren gelenkt, die alljährlich aus ihrer Mitte den Bürgermeister wählten und ein eigensüchtiges Stadtregiment führten. Durch den beständigen Landerwerb, das Bierbrauen, die Tuchmacherei und den Fernhandel blühte die Stadt auf. Auch als die Stadt im Schmalkaldischen Krieg alle Privilegien und den gesamten Grundbesitz verlor, konnte alles innerhalb weniger Jahrzehnte zurückgekauft werden.

Durch den Prager Frieden kam Zittau 1635 mit der Oberlausitz in kursächsischen Besitz. Nach dem Dreißigjährigen Krieg erholte es sich relativ schnell. Äußerlich spiegelte sich der Reichtum der Stadt in einer lebhaften Bautätigkeit wider. Sie entwickelte sich zu einer Barockstadt, die nach Leipzig wirtschaftlich an zweiter Stelle in Sachsen stand. Allerdings wurde Zittau durch den Siebenjährigen Krieg

zu 75 Prozent zerstört. Ungünstig auf die wirtschaftliche Lage wirkte sich auch die Teilung der Lausitz nach dem Wiener Kongress 1815 aus. Dadurch waren viele traditionelle Verbindungen unterbrochen. Doch die Entwicklung der Handweberei zur Textilindustrie, der Anschluss an das sächsische Eisenbahnnetz und die Flussregulierung, die die ständige Hochwassergefahr bannte, führten bald zu einem neuerlichen Aufschwung.

Den beträchtlichen Reichtum von Zittau kann man am besten bei einem Rundgang durch den historischen Stadtkern ermessen. Da gibt es natürlich mehr zu sehen als das weithin bekannte Große Fastentuch von 1472 in der Kirche zum Heiligen Kreuz. Doch angesichts der großen Fülle bemerkenswerter Gebäude fällt deren Aufzählung nicht leicht.

Das Rathaus, das dem Stil eines „Palazzo grande“ der Renaissancezeit ähnelt, wurde von 1840 bis 1845 nach den Plänen Karl Friedrich Schinkels gebaut. Auf Schinkel geht auch die 1837 neu errichtete klassizistische Johanniskirche zurück. Ihr 60 Meter hoher Aussichtsturm ermöglicht einen herrlichen Blick über das Zittauer Land. Sehenswert am Johannisplatz ist ebenso das 1571 erbaute und 1586 eingeweihte Alte Gymnasium, das eines der ersten deutschen Gymnasien war und das Dornspachhaus, ein wertvoller Renaissancebau aus dem Jahre 1533 mit einem interessanten Säulengang und darüber liegenden Loggien. Die im Stil der Spätgotik erbaute Klosterkirche war die des ehemaligen Franziskanerklosters, dessen Gebäude sich an die Rückseite anschließen und aus dem 15. Jahrhundert stammen. Es beherbergt heute das Stadtmuseum, die ehemaligen Mönchszellen sind Ausstellungsräume. Im Westflügel des Klostergebäudes befindet sich der Heffterbau mit dem schönsten Spätrenaissancegiebel der Stadt.

Im Grünen Ring, der an der Stelle der ehemaligen Stadtbefestigung entstanden ist, steht das Kleinod unter den Zittauer Kirchen, die bereits erwähnte Kirche zum Heiligen Kreuz mit dem berühmten Zittauer Fastentuch. Ihre äußere Form hat sich seit 1410 nicht verändert. Nicht weit entfernt befindet sich die Fleischerbastei, ein Teil der im 16. Jahrhundert erbauten äußeren Stadtmauer und als einziges von dreizehn Befestigungswerken erhalten geblieben. Davor als überaus beliebtes und fotogenes Wahrzeichen der Stadt die 1908 angelegte Blumenuhr mit ihrem Glockenspiel, das im Sommerhalbjahr zu jeder vollen Stunde ein Volkslied erklingen lässt.

Doch was wäre ein Besuch ohne einen Abstecher ins Zittauer Gebirge? Die Entfernung ist kein Thema und die Art der Anreise eigentlich auch nicht. Eigentlich bringen es nur wenige übers Herz, die 750-Millimeter-Schmalspurbahn, die mit 25 Stundenkilometern durch die Gegend schnauft, einfach zu ignorieren. Es gibt die Bahn übrigens schon seit 1890. Einhundert Jahre später wäre sie beinahe dem

Braunkohletagebau zum Opfer gefallen. Die politische Wende hat die Stilllegung der Strecke glücklicherweise verhindert. Später hat der Landkreis Löbau-Zittau die kleine Bahn gerettet, indem er sie in kommunale Trägerschaft übernommen hat und damit der früheren Bundesbahn zuvorgekommen ist, die den Schmalspurbetrieb 1998 einstellen wollte.

Schwierig wird es allerdings, sich für das Fahrziel zu entscheiden. Am Bahnhof Bertsdorf teilt sich nämlich die Strecke. Von hier sind es gut drei Kilometer nach Oybin und knapp vier Kilometer bis Jonsdorf. Und beide Orte sind gleichermaßen bekannt und beliebt. Also: Oybin oder Jonsdorf?

Der Kurort Oybin lockt mit einem beliebten Malermotiv, dem 514 Meter hohen, bienenkorbähnlichen Berg Oybin. Der Berg hat nicht nur besten Fernblick, sondern auch eine wechselvolle Geschichte. Er war einst eine urgeschichtliche Kultstätte. Später wurden von hier aus die Handelswege nach Böhmen überwacht. Mitte des 14. Jahrhunderts hatte Kaiser Karl IV., der auch König von Böhmen war, Zittau

verpflichtet, ihm ein festes Haus auf dem Oybin zu errichten, und ein Kloster gestiftet. Die Klosterkirche war nach dem Vorbild der Prager Apollinariuskirche im hochgotischen Stil errichtet und 1384 vom Prager Erzbischof geweiht worden. Nach der Reformation und Auflösung des Klosters gingen die Besitzungen durch Kauf an die Stadt Zittau. Doch bald darauf schlug ein Blitz in die Kirche ein und Burg und Kirche brannten nieder. Später riss ein Felssturz Teile der Burg in die Tiefe. Erst 1829 wurde der Berg wieder zugänglich gemacht, die Kirchenruine vom Schutt befreit und 50 Jahre später das Kaiserhaus saniert. In den 1970er Jahren wurde die Ruine der Klosterkirche zum Konzertsaal und seit 1992 wird umfangreich saniert. Das anmutige Bergkirchlein ist direkt an den felsigen Fuß des Berges gebaut und steht am Aufgang zur Kloster- und Burgruine. Innen führen steinerne Treppen zum Altar hinunter. Den schmalen Innenraum schmücken farbenfrohe Malereien, an den Emporen ist das Vaterunser zu lesen. – Ein Traum, hier zu heiraten oder wenigstens Orgelmusik zu hören!

Der Kurort Jonsdorf mit seinen malerischen Umgebindehäusern ist auch für seine Mühlsteinbrüche und die legendäre Felsenstadt bekannt. Die Mühlsteinbrüche sind ein wildromantisches Labyrinth aus Felsklüften, Gängen und Gruben, die von Gebüsch und Wald überwuchert sind. Ein beschilderter Pfad führt zunächst zum kuriosen Gebilde der Drei Tische, später zum Bärloch, wo 1560 mit dem Brechen von Mühlsteinen begonnen wurde, und dann steil hinauf zum 569 Meter hohen Carola-Felsen mit großartiger Rundumsicht und schönem Überblick über die Mühlsteinbrüche. Das Geheimnis für den exzellenten Ruf der Jonsdorfer Mühlsteine, der bis nach Russland gedrungen war, lag in ihrer besonderen Qualität. Durch die sehr heißen Gase, die mit hohem Druck den Sandstein durchströmt hatten, waren die Quarzkörnchen angeschmolzen und andere Bestandteile ausgeblasen worden – Geologen sagen dazu „gefrittet". Das hatte den Jonsdorfer Sandstein porös und zugleich extrem hart und scharf gemacht, was auch die Steinbrecher jeden Tag aufs Neue zu spüren bekamen. Bei der anstrengenden, schwierigen und schlecht bezahlten Handarbeit ereigneten sich viele Unfälle mit fatalen Folgen. Die „Steenbruchschmiede", die die Erinnerung an die erst 1920 eingestellten Arbeiten wachhält, war einst die Werkstattschmiede für die Brüche.

Hinter dem Humboldt-Felsen verlässt den Weg den Steinbruch durch eine gemeiselte Schlucht und führt in die berühmte Jonsdorfer Felsenstadt mit ihren bizarren Gebilden …

Illustrationen:

Cornelia Därr (Titelbild, Seiten 9, 14, 39, 51, 55, 57)
Heike Klein (Seite 24)
Sonja Riedelsberger (Seiten 18, 34, 61, 75)
Christiane Sraßburger (Seiten 27, 41, 44, 77)
Fichtes Wohnhaus in Rammenau: Zeichnung von Kantor Riedel, aus „Die Gartenlaube" 1862 (Seite 66)